Selmar Bagge

Gedanken und Ansichten über Musik und Musikzustände

in einer Reihe gesammelter Aufsätze

Selmar Bagge

Gedanken und Ansichten über Musik und Musikzustände
in einer Reihe gesammelter Aufsätze

ISBN/EAN: 9783743660106

Hergestellt in Europa, USA, Kanada, Australien, Japan

Cover: Foto ©Thomas Meinert / pixelio.de

Weitere Bücher finden Sie auf **www.hansebooks.com**

Gedanken und Ansichten

über

Musik und Musikzustände

in einer Reihe

gesammelter Aufsätze

von

Selmar Bagge.

Wien, 1860.

Verlag von Wessely und Büsing,

vormals H. F. Müller's Witwe.

Inhaltsverzeichniß.

Vorwort.   Seite

I. Wiener Musikzustände 1
    Ueber die Aufgabe eines Conservatoriums . . . . —
    Das Wiener Conservatorium 5
    Die Gesellschaft der Musikfreunde als Concertinstitut 16
    Zwei Gesangvereine in Wien 26
    Ein Orgelconcert 28
    Der Dilettantismus im Concertsaal 32

II. Beurtheilungen 37
    1. Bücher . . . . —
    2. Neue Compositionen 75

III. Versuche ästhetischer Charakteristik 99
    Robert Schumann . . . . —
    Niels W. Gade 117

IV. Polemisches 126
    Zur gegenwärtigen Parteistellung auf musikalischem Gebiet . . . . —

Vorwort.

Nicht Eitelkeit ist es, nicht Ueberschätzung des Werthes meiner bisherigen musik=schriftstellerischen Versuche, und des Maaßes der in ihnen enthaltenen Wahrheiten, was mich zur wiederholten Veröffentlichung einer Auswahl derselben bewogen hat. Im Gegentheil kenne ich ihre Schwächen gut genug, um die Nachsicht der Leser in Anspruch zu nehmen. Zum Musiker herangebildet, war es fast ein bloßer Zufall, daß ich, wie viele meiner heutigen Kunstgenossen, zur Feder griff, um an dem in Wien neu erwachten Leben der musikalischen Presse Theil zu nehmen, meinen Ideen und Meinungen eine weitere Verbreitung zu geben, und zur Abklärung schwebender Kunstfragen etwas beizutragen.

Das vorliegende Buch hat einen anderen Entstehungsgrund und einen bestimmten Zweck.

Vom 1. Januar des Jahres 1860 soll nämlich in Wien ein neues musikalisches Fachblatt, von mir redigirt, erscheinen, und zwar unter dem Titel: „Deutsche Musikzeitung."

Meinen künftigen Mitarbeitern und Lesern gegenüber finde ich es nun angemessen, den Standpunkt zu bezeichnen, den ich bisher einnahm, und, der Hauptsache nach, auch in der Deutschen Musikzeitung festzuhalten gedenke; — besonders finde ich es Denen gegenüber angemessen, welche nicht dem Leserkreise der „Monatschrift," später „Recensionen über Theater und Musik" (in welchen diese Aufsätze zuerst abgedruckt waren), angehörten.

Zwar wird dieser Standpunkt selbstverständlich auch in dem Programme des neuen Blattes ausgesprochen werden; doch glaubte ich dem genauere Orientirung Wünschenden durch die „gesammelten Aufsätze" einerseits eine Erleichterung zu verschaffen; — anderseits hoffte ich namentlich den, dem Wiener Musikleben Fernerstehenden einen nicht uninteressanten Ueberblick zu gewähren, über den Stand und die Regungen desselben während der letzten Jahre.

Was einigen unserer öffentlichen Musik-Anstalten damals fehlte, und zum Theil noch jetzt fehlt, um einer großen Residenz würdig heißen zu können, findet der Leser in diesen Blättern verzeichnet.

Ferner glaubte ich durch Zusammenstellung von Meinungsäußerungen über die Spitzen der verschiedenen Richtungen, welche heute die Schichten der musikalischen Welt mehr oder minder heftig bewegen, einen Beitrag zur Zeitgeschichte zu liefern, — und hoffe, daß der Leser, wenn er auch nicht überall beistimmen kann, mir doch die Anerkennung nicht versagen wird: unbeirrt durch die tausendfach verschiedenen Stimmen, welche in dieser Zeit laut werden, einen selbständigen liberalen Gesichtspunkt bewahrt zu haben, und gegen das gute Alte, wie gegen das Neue, wofern es mir nur kunstwürdig schien, gleich gerecht geblieben zu sein.

Bei der neuerlichen Redaction dieser Aufsätze sind manche Schroffheiten gemildert, ist Manches weggelassen worden, was sich den Vorwurf der Bitterkeit zugezogen hatte. Außerdem sind nur wenige Stellen geändert worden, die mir nicht deutlich genug schienen.

Mögen denn diese „Gedanken und Ansichten" abermals in die Welt hinausfliegen, und wo möglich zur Einigung jener tüchtigen und verständigen Musiker und Musikfreunde führen helfen, an deren Beifall mir allein gelegen ist, und deren Mitwirkung und Theilnahme ich für die Deutsche Musikzeitung in Anspruch nehmen möchte.

Wien, im November 1859.

Selmar Bagge.

I.
Wiener Musikzustände.
(1855 — 1859.)

„Und wie wir's dann zuletzt so herrlich weit gebracht!"

Ueber die Aufgabe eines Conservatoriums.
(Januar 1855.)

So wie die nie ruhende Mutter Natur in der organischen Welt fort=
während lebensfähige Keime ausstreut, von denen viele untergehen, die
meisten eine mittlere Ausbildung erreichen, die wenigsten durch besonders
günstige Umstände eine außergewöhnliche Gestaltung gewinnen, — so ver=
theilt sie auch freigiebig unter die Menschen Gaben und Talente für ge=
wisse Künste und Fertigkeiten, und es ist nicht daran zu zweifeln, daß
solche günstige Umstände, zur gegebenen Zeit wieder eintretend, die Zahl
der großen Meister vermehren werden; — nur Kurzsichtigkeit und Be=
schränktheit des Urtheils sieht die Kunst, namentlich aber die unendlich
bildungsfähige Tonkunst, bei einer großen Erscheinung als abgeschlossen
an. Wer die Geschichte der Musik mit Aufmerksamkeit durchgeht, wird
diesen Satz bestätigt finden, zugleich einen sich selbst fortbildenden Cultus
des Schönen bemerken, und die verschiedenen Epochen als durchaus zu=
sammenhängend erkennen. Die Kenntniß der verschiedenen Schulen, wie
man das Zusammengehörige einer Nation oder Zeit nennt, wirkt nämlich
belebend und befruchtend auf junge Talente und Genies, und befördert
die Hervorbringung neuer Werke, eines neuen Genres, einer neuen Schule,
und so reiht sich Eines an das Andere in unaufhörlicher Fortwirkung.
Doch nur das Beste von jedem Genre hat hinlängliche Kraft, um neue
Keime zu befruchten. Das Schwache, Manierirte erhält sich nicht auf die

Dauer, und befördert oft das Seichte, Gemeine, Unkrautartige. Letzteres überwuchert sogar zeitweise das Kräftige, Gediegene, und droht es zu ersticken; doch die Zeit, dieses strenge Gericht, sondert das Unkraut vom Waizen, — und bald spricht Niemand mehr von Kunstleistungen, die die halbe Menschheit in eine Art von schwärmerischer Raserei zu setzen vermochten, während das wahrhaft Schöne festen Boden gewonnen hat. Darum sollte man sich nicht allzusehr über zeitweises Verderbniß in einer Sphäre der Kunst ärgern: wer mehr als einen kleinen Kreis von Vorgängen übersehen kann, vertraut der Zukunft, weil das Gute siegen muß. Gleichwohl ist es als eine Aufgabe der gebildeten Menschheit zu betrachten, die Bildung weiter zu verbreiten, und das Schlechte immer mehr zu verdrängen. So müßten denn auch Tonkünstler und Lehrer in allen ihren Leistungen sich ihrer großen Aufgabe bewußt sein. Wie es mit diesem „Bewußtsein" steht, und wie wenig das Publikum (von dem Göthe mit Recht sagt: „drein schlagen muß die Masse, dann ist sie respectabel; — Urtheilen gelingt ihr miserabel") es in der Regel befördert, — darüber kann man täglich die merkwürdigsten Erfahrungen machen, obwohl es den Anschein hat, als erwachte nach und nach ein ernsterer Sinn bei Künstlern und einem kleinen Kreise denkender Kunstfreunde. Es ist die Aufgabe der Kritik, solchen Ernst ununterbrochen zu wecken, indem sie eine bessere Erkenntniß der Oberflächlichkeit des Tagsurtheils und Tagsgeschmacks entgegensetzt, und besonders dort, wo man einen Zustand als gut geltend machen will, und sich in dieser selbst geschaffenen Wärme recht behaglich breit macht, zeigt, daß zu dieser Bequemlichkeit noch nicht Zeit ist.

Sehr wichtig ist in dieser Hinsicht die Kunstlehre, da von ihr die Entwickelung der Kunstzustände und der Künstler großentheils abhängt. Es wird auch kein Vernünftiger bestreiten, daß, wie jeder Erzieher, so auch der Kunstlehrer eine pädagogisch-rationelle Methode festhalten müsse, wenn aus dem talentvollen Zögling ein Künstler werden soll. Wie viel aber von den Musiklehrern in diesem Punkt gesündigt wird, und wie oft auch in den einsichtsvolleren unter ihnen die himmlische Göttin von der trefflichen Kuh verdrängt wird, — ist gar nicht zu sagen. Soll man sich auch hierüber trösten, und das, was der Mensch schlecht macht, mit der großen zwingenden Weltordnung entschuldigen?! Der Mensch macht gewiß sehr Vieles schlecht, nur vermag er glücklicherweise den Samen nicht anzubringen, der irgend wo anders aufgeht und aus welchem tausendfaches

Leben hervorsprießet; jedenfalls aber hat er es zu verantworten, wenn durch seinen üblen Willen oder seine Ungeschicklichkeit und Unfähigkeit ein edles Korn vernichtet wird! — „Nur aus Gutem kann Gutes entstehen," sagten wir oben, und geben davon für den musikalischen Unterricht die Erläuterung: Nur aus der nahen nnd innigen Bekanntschaft mit dem Wesen der Kunst und mit den Meisterwerken der verschiedenen Epochen entstehen bei entschiedenem Talente und rastlosem Fleiße Künstler, — und zwar sowohl schaffende als ausübende. Wir nehmen den Begriff „Künstler" freilich etwas höher, als man ihn gewöhnlich zu nehmen pflegt, und können nur dem dieses Prädikat zuerkennen, bei welchem die vollständige technische Beherrschung mit der streng musikalisch-ästhetischen Anschauung seiner Kunst so gleichmäßig entwickelt ist, daß dem verständigen, kenntnißreichen Hörer sogleich die volle Symmetrie dieser einzelnen Seiten anschaulich wird.

Diese Symmetrie anzubahnen und herbeizuführen ist die schönste aber zugleich schwerste Aufgabe des Lehrers, deren Lösung noch obendrein von vielen Nebenumständen abhängig ist. Namentlich kann ein Privatlehrer selten den Zögling so ganz überwachen, wie es wohl nöthig wäre; oft kann er vielfacher Störungen nicht Herr werden, — oft verdirbt Schmeichelei und Eitelkeit was er gut gemacht, — oder ein zweiter Lehrer in einem verwandten Gegenstand gibt dem Zögling eine entgegengesetzte Richtung. Nur ein Conservatorium kann eine solche Aufgabe mit Sicherheit lösen, wenn es gut organisirt ist, d. h. wenn es auf den Zögling von verschiedenen Seiten aus (die aber aus einem Prinzip hervorgehen) einwirkt, und ihn so vielfach beschäftigt und befestigt, daß das sonstige Kunstverderbniß keine Macht mehr über ihn hat.

Eine gute Organisation ist demnach durch vielfache Bestimmungen bedingt, von denen wir die wichtigsten hier aufstellen:

1. Es müssen vor Allem jene Kunstfächer gelehrt werden, welche schon am weitesten ausgebildet sind, welche eben beßhalb den größten Einfluß auf das Musikleben, auf die Musikzustände ausüben; das sind: Gesang, Streichinstrumente, Clavier, Orgel und Compositionslehre.

2. Die Lehrmethoden müssen den Zögling auf die schnellste und zugleich sicherste Weise zur technischen Gewandtheit bringen, — die vollkommen richtige Vortragsweise gleich Anfangs tief einprägen, — zugleich auf wirkliches Talent und eigenen Fleiß des Zöglings berech-

net sein; — sich auch nicht im Laufe der Course der Talentlosigkeit anbequemen.

3. Die Anzahl der Zöglinge darf keine sehr große sein, weil sonst eo ipso der Talentlosigkeit Thür und Angel geöffnet, und durch Heranziehung eines Kunstproletariats die künstlerischen Hoffnungen vernichtet werden.

4. Der Unterricht darf in keinem Fall, und für keinen Zögling einseitig sein; — jeder Zögling muß genöthigt werden, die vorgeschriebenen Gegenstände zu lernen. Demgemäß muß er auch die Musik zu seinem wirklichen Beruf gewählt haben.

5. Diejenigen Musikstücke und Uebungen, welche beim Unterricht verwendet werden, müssen durchaus musikalisch und in einem reinen und edlen Styl gehalten sein, sowohl bei dem Elementarunterricht als auch in den Ausbildungsclassen, — bei welchen letzteren noch die höhere Forderung eintritt, daß die Zöglinge mit den besten Werken für ihr Instrument bekannt und vertraut gemacht werden.

6. Die Zöglinge müssen einen Begriff von der Höhe, Breite und Tiefe ihrer Kunst erhalten, indem sie Vorträgen über Kunstgeschichte beiwohnen, wobei sie nicht blos Namen, Jahreszahlen u. dgl. auswendig zu lernen haben, sondern vielmehr eine wirkliche Kenntniß der Verschiedenheiten und Eigenthümlichkeiten der Style erlangen, indem die Werke der verschiedenen Epochen ihnen (wenn auch nur in Auszügen) vorgeführt, und mit echt musikalischem Sinn beleuchtet werden.

7. Es müssen die Zöglinge der Schulen für Streichinstrumente in den Ausbildungsclassen fleißig zum Quartettspiel unter Aufsicht eines Künstlers angehalten werden, weil dieses vielmehr als das Orchesterspiel zu correctem und edlem Vortrage nöthigt und verhilft.

8. Sämmtliche Zöglinge müssen, wo möglich noch vor, sonst aber nach der Mutirung im Singen unterrichtet, und darin so weit gebracht werden, daß sie durch richtige Tonbildung und Treffen befähigt sind, wenigstens im Chor zu singen, damit sie (namentlich die Clavierspieler) den gehaltenen Ton schätzen lernen, überhaupt musikalisch werden, und eine Gelegenheit mehr haben, kostbare Schätze der Tonkunst gründlich kennen zu lernen.

9. Der Unterricht in der Compositionslehre muß sich nicht auf die grammatikalischen Regeln der Harmonie, des Contrapunctes u. s. w. beschränken, sondern es müssen diejenigen Zöglinge, welche Talent

zur Composition haben, zum wirklichen Selbstschaffen Anregung und Anleitung erhalten, indem man ihnen erst kleine dann größere Aufgaben stellt, ihnen in ihrer Unbehilflichkeit liebevoll und aufmunternd entgegenkommt, und die Phantasie durch allzustraffe Anwendung todter Regeln nicht erstickt. Die strenge Lehre kann neben dem lebendigen Schaffen eben so gut einhergehen, wie das Studium abstracter philosophischer Wissenschaften neben dem Dichten.

Das Wiener Conservatorium.
(März 1855.)

Die Direction der Gesellschaft der Musikfreunde wird es uns nicht verargen, wenn wir ihr Conservatorium einer strengen Kritik unterziehen, einer Kritik, die uns eben so sehr von den höchsten Interessen der Tonkunst wie von der musikalischen Ehre der Kaiserstadt geboten erscheint, sofern man den in unserem früheren Aufsatze entwickelten Ansichten und Forderungen die beanspruchte Berechtigung zuerkennt. Wir wollen die Schuld von so vielen Fehlern, die bei der Wiedereröffnung dieser Lehranstalt gemacht wurden, nicht jenen Männern auf das Haupt laden, die mit unläugbarem Eifer Gutes anstreben und eine anderweitigen, großentheils ganz heterogenen, Beschäftigungen mühsam abgerungene Zeit der Leitung einer Anstalt zuwenden, deren Verhältnisse im Ganzen gedrückt sind, — bei welcher Leitung auch wenig Dank zu verdienen ist. Weit eher würden wir alle Verantwortlichkeit jenen Künstlern aufbürden, deren Stellung das gewichtige entscheidende Wort in Fragen des Unterrichts und der Organisation mit sich bringt, — jenen Herren, welche zu der Zeit, wo ein neues Gebäude aufgeführt werden sollte (wir wissen nicht ob aus Mangel künstlerischer Gesinnung und Thatkraft, gereifter Ansichten über Methode, oder vielleicht aus Unlust sich einigen nicht mühelosen, etwas Zeit in Anspruch nehmenden Geschäften zu unterziehen), die Ehre und den Erfolg einer Anstalt preisgaben, die allen Wiener Musikern, ihnen aber am meisten am Herzen liegen sollte. Diese Herren werden uns nicht überreden, daß Erfolge, wie sie im Prüfungssaale vor applaudirenden Schülern und deren Verwandten und Bekannten zuweilen errungen wurden, sonderlich viel weitere unbedingte Anerkennung finden werden, als „unter den Tuchlauben."

Wir sprechen selbstverständlich vom **Ganzen**, und wollen nicht in Abrede stellen, daß nach Jahren der oder jener der jetzigen **Zöglinge** unter den **Künstlern** genannt werden könne. Das aber muß ausgesprochen werden, daß das Conservatorium **mit seiner gegenwärtigen Organisation** weder im Inland noch im Ausland jene Achtung erwerben kann, die ihm eigentlich zukommen sollte. So Etwas hört man freilich nicht gern, und man macht es wie Vogel Strauß in der Wüste und steckt den Kopf in den Sand. Aber wir bitten uns zu sagen, ob man auch **die Thatsache** nicht gelten lassen will, daß andere Conservatorien weit und breit berühmt sind, daß aus den entferntesten Landen reiche Eltern ihre Söhne und Töchter z. B. nach Leipzig schicken, — während Wien, wo **Mozart's, Beethoven's, Schubert's** Grabstätte, keine Anziehungskraft hat?! — Als Entschuldigung hört man anführen, daß mit so geringen Geldmitteln, wie sie dem hiesigen Conservatorium zur Verfügung stehen, nicht **Großartiges** geleistet werden könne. Wir wissen den Mangel des nervus rerum recht wohl zu würdigen und bedauern ihn so sehr, daß wir die üblen Folgen desselben nach zwei Richtungen hin selbst besprechen wollen. Einmal ist schon **das** fatal, daß Lehrer mit **so kleinen** Gehalten ihre Kräfte nicht concentrisch für die Anstalt verwenden können, vielfacher Nebenverdienste bedürfen, daher in der freien Thätigkeit für die **Zöglinge**, wie auch für die **eigene** Weiterbildung gehemmt sind. Daß aber zweitens der Mangel an hinreichenden Mitteln auch **direct** auf die Anstalt nachtheilig wirke, geht schon sichtlich aus der Beschränkung der Lehrfächer, der Lehrstunden und der Anzahl der Lehrer hervor.

Und doch irren sich die Herren Directoren und musikalischen Leiter, wenn sie die Beschränktheit der Mittel als einzigen Hemmschuh der Entwicklung ansehen. Mit 5000 fl. jährlicher Subvention, durchaus tüchtigen Lehrern und einer kerngesunden Organisation ließe sich wohl eine so segensreiche Wirkung entfalten, daß dem Ruf und somit der Zukunft der Anstalt ein sicheres Prognostikon gestellt werden könnte. Den Beweis aber, daß man sich auf dem geträumten **guten** Wege hierzu **noch nicht** befindet, werden wir nicht schuldig bleiben. Wer die gedruckte „**Instruction**" gelesen hat, wird es auf den ersten Blick herausgefühlt haben, und die Direction kann überzeugt sein, daß dieser fatale Eindruck bei Jenen, die nicht durch die Brille des Musikvereins sehen, allgemein ist, wenn auch noch Niemand den Muth gehabt, oder sich die Mühe gegeben hat, es auszusprechen. Diese Instruction, welche jedes leitenden künstlerischen Prinzips bar ist, und schon in der stylistischen Fassung einen Autor verräth, der ganz andere Dinge als künstlerische schriftlich zu behandeln gewohnt ist, — diese Instruction, deren wesentlichste und daher relativ beste Bestimmungen überdies noch nicht einmal praktisch durchgeführt sind, sollte die Direction schon der dehors wegen nicht länger bestehen lassen. Was läge freilich an der gedruckten Instruction, wenn der Unterricht selbst und die praktischen Einrichtungen durchaus zweckmäßig und förderlich wären? Aber leider lassen unsere Bedenken gegen die bestehenden Methoden nicht einmal diese Beschwichtigung zu. Doch von den einzelnen Methoden später; — wir wollen jetzt die bestehende Organisation als Ganzes näher betrachten, indem wir das Wenige, was in der Instruction künstlerischen, methodischen Inhalts ist, zum Anhaltspunkt machen, und uns zugleich den im ersten Aufsatz „über die Aufgabe eines Conservatoriums" vorgebrachten neun Hauptforderungen anschließen.

Als Hauptfächer des Unterrichts bezeichneten wir dort: Gesang, Streichinstrumente, Clavier, Orgel und Compositionslehre. Wie soll man es begreifen, daß die Direction sich trotz der notorischen Beschränktheit der Mittel (auf die so großes Gewicht gelegt wird) in eine so breite Organisation einließ, und für alle Blasinstrumente Professoren bestellte, — dagegen die Errichtung der Ausbildungsclassen in den nöthigsten Fächern und die ganze Clavierschule auf die lange Bank schob?! In der That, unsere Leser, die es etwa noch nicht wissen, werden mit Staunen vernehmen: Das Wiener Conservatorium hat zwar einen Clavierprofessor, aber keine Clavierschule! Das, was statt einer solchen vorhanden ist, ist eine zwei Jahrgänge enthaltende Elementarschule, in welcher bis zu den Etuden von Bertini vorgeschritten wird. Mozart's, Beethoven's und Anderer Claviersonaten, — Cramer's, Clementi's, Moschele's Etuden, S. Bach's Suiten, Präludien und Fugen erschallen in den Räumen des Conservatoriums nicht! — Dagegen werden fleißig Trompeter, Posaunisten, Flötisten u. s. w. eingeübt. Für uns ist diese Einrichtung, besonders wenn man sie den übrigen ganz löblichen Intentionen der Direction in Bezug auf Verbreitung eines besseren Geschmacks durch öffentliche Concerte gegenüberstellt, so wunderbar, daß wir uns vergebens bemühen, den tiefen weisheitsvollen Sinn davon zu errathen. Ist die Anstalt da, um die Orchester der Theater mit Musikern zu versehen! — Gut! Dann nenne man sie „Schule für Theatermusiker'" aber nicht „Conservatorium. Oder wie! Nimmt das Clavier vielleicht einen so unbedeutenden Platz in der Musikwelt ein, — kann man es etwa so nebenbei lernen? Oder ist der Unterricht auf demselben im Allgemeinen so ausgezeichnet bestellt, daß eine Musterschule am ersten Conservatorium der österreichischen Staaten unnöthig erscheint! Oder ist vielleicht die Verbreitung gehaltvoller Claviermusik, und die Verbreitung einer ge bie‑ genen Spielart (welche man gerade bei Vorführung guter Musik in Concerten so häufig und schmerzlich vermißt) kein sonderlich förderndes Mittel zur „Erhaltung" der Tonkunst?! — Fast scheint es, als ob derlei falsche Ansichten im Schooß der Direction und unter den bestimmenden oder einflußreichen Musikern des Conservatoriums die herrschenden seien, wenigstens hält man offenbar die Blasinstrumente für wichtiger, und spricht vielleicht zu deren Gunsten: „Die Theaterorchester sind uns auch für die großen Concerte nothwendig, — zu einer Symphonie u. dgl. brauchen wir gute Bläser." Wir wollen auch hierauf antworten, und zwar mit einigen Fragen: Wie viele Theaterorchester gibt es in Deutschland? Sind unter diesen Solche, die den Vergleich mit den hiesigen Orchestern nicht zu scheuen brauchen? Haben alle diese Orchester Conservatorien nöthig gehabt, um sich zu vervollständigen? Sind die Conservatorien in München, Leipzig, Berlin (wo bekanntlich auch so Etwas von Symphoniemusik gespielt wird) errichtet worden, um Oboisten, Clarinetisten u. s. w. zu bilden? — Und ferner: bedarf denn ein Bläser wirklich eines ebenso vielseitigen Unterrichts (den nur ein Conservatorium bieten und sichern kann) als ein Sänger, Violinist, Clavierspieler oder gar Componist? Wir gestehen zwar, daß auch dem Bläser eine vielseitige Bildung nützlich sein wird, — aber ein Conservatorium, das in seinen Mitteln beschränkt ist, und doch große Aufgaben zu lösen hat, darf in solchen Fragen ohne großen Nachtheil für die Kunst nicht auf falscher Fährte bleiben. — Wir lassen uns für jetzt nicht weiter in die Frage ein, wer oder was das Hinderniß besserer Einsicht am Conservatorium ist. Aber wir halten es für unsere Pflicht, die Direction zu warnen, daß sie nicht falschen Rathschlägen ihr Ohr leihe, und sich nicht von persönlichen Rücksichten mehr als von künstlerischen bestimmen lasse.

Daß mit dem Mangel einer Clavierſchule auch der einer Orgel=
ſchule verbunden iſt, verſteht ſich von ſelbſt, und iſt eben ſo ſehr zu
beklagen. Wenn man bedenkt, auf welcher Stufe hier im Allgemeinen
das Orgelſpiel ſteht, und daß das eigentliche h ö h e r e Orgelſpiel g a r
n i ch t vertreten iſt, — und wenn man anderſeits den Nutzen erwägt,
den das öftere Hören guter Organiſten in großen Fugen u. dgl. auf
den Geſchmack ausübt, ſo möchte man Jeremiaden über Gegenwart
und Zukunft anſtimmen, die kein Ende nehmen würden, — mit denen
wir aber unſere Leſer verſchonen wollen.

Ueber die Methoden, welche am Conſervatorium eingeführt ſind,
können wir natürlich nur nach d e m urtheilen, was wir in den öffentli=
chen Prüfungen vernommen haben, und wollen daher auch nur das, was
uns am ſtärkſten aufgefallen iſt, ſo gedrängt als möglich anführen,
vorher aber unſeren Standpunkt bei der Beurtheilung genau bezeichnen.

Wir gehören keineswegs zu Denen, die in Prüfungen mit ſoge=
nannten großen Reſultaten, welche oft nur ein gleißender Firniß über
innere Erbärmlichkeit ſind, überraſcht ſein wollen; auch kennen wir
recht wohl die mannigfachen Schwierigkeiten, mit denen jeder Lehrer
zu kämpfen hat. Dagegen verlangen wir die Ueberzeugung zu gewin=
nen, daß der Lehrer ſeine Aufgabe richtig erfaßt hat, und daß das,
w o r a u f e s e i g e n t l i ch a n k o m m t, von dem Lehrer auf das Sorg=
fältigſte gepflegt wurde. Dieſes: „w o r a u f e s e i g e n t l i ch a n =
k o m m t" kann bei Anfängern ſubjectiv genommen nur die Stärkung
und Kräftigung der zur Sache gehörigen körperlichen und geiſtigen
Fähigkeiten ſein, objectiv das „v o l l k o m m e n R i ch t i g e" im Vor=
trage. Bei Vorgerückteren wird es ein tieferes Erfaſſen und ein auf
das Bewußtſein des Könnens baſirtes kühneres Wiedergeben der muſi=
kaliſchen Eigenthümlichkeiten in dem vorzutragenden Stücke ſein. —
Was nun das v o l l k o m m e n R i ch t i g e anlangt, deſſen Erhaltung
wir durch das Conſervatorium wünſchen, und die S t ä r k u n g der
Fähigkeiten, — ſo haben uns beſonders die Prüfungen der erſten
Mädchengeſangsclaſſen und der Clavier=Elementarſchule enttäuſcht.

Jedermann weiß, wie viele hübſche bildungsfähige Stimmen durch
falſche Methoden ruinirt werden, wie häufig man den kläglichen An=
blick noch ganz junger Leute mit ſchon verlornen Stimmen hat. Die
Geſanglehrer quälen ſich ab, um den Stein der Weiſen zu finden,
und die Verwirrung ihrer Begriffe wird durch unverſtändiges Lob und
unmotivirten Tadel nur noch größer. Unſeres Erachtens liegt der

Hauptfehler darin, daß man das Organ gerade in solchen Jahren bilden will, wo der Körper in einer bedeutungsvollen Entwickelung begriffen ist, wo gerade die äußerste Schonung und Ruhe für jene zarten Körpertheile, die beim Singen in Thätigkeit treten, Noth thun. Mädchen müssen so gut wie Knaben (bei welchen die Mutirung von selbst das Singen verbietet) in gewissen Jahren wo nicht ganz pausiren, so doch äußerst wenig singen. Nun sagt aber §. 5 der Instruction: „Das Aufnahmsalter wird für die Gesangschule der Mädchen nicht unter 12 und nicht über 16 Jahre festgesetzt." Also gerade die Entwicklungszeit! Wie kann man, wenn dieser Paragraph wirklich beachtet wird, eine naturgemäße und sichere Bildung des Organs erwarten! Viel eher würden wir, wenn man schon durchaus Elementarschulen zu benöthigen glaubt, anrathen, frühere Jahre als Aufnahmsalter festzusetzen, und die Mädchen, wenn sie in die Entwicklungszeit treten, einstweilen nach Hause zu schicken, oder mit anderen Studien (etwa theoretischen oder Clavier-) zu beschäftigen. Es ist uns in dieser Beziehung bei den Prüfungen unangenehm aufgefallen, daß einerseits noch ganz unreife, schwächliche Mädchen vorgeführt wurden, und daß andererseits Diese wie auch Andere in Stimmlagen sangen, die offenbar außer ihrem natürlichen Bereich lagen. Bedenkt man noch, wie solche oder auch schon entwickeltere Mädchen, noch außer den Schulstunden und häuslichen Uebungen im Chore, in Proben zu Concerten und Messen und den öffentlichen Aufführungen selbst angestrengt werden, so darf man sich nicht wundern, wenn die jugendlichen Stimmen anstatt gebildet, vernichtet werden. Aber nicht das „Wann und Wieviel Singen" allein erhält und verdirbt die Stimmen, — vor Allem das „Wie" und das „Was" (in Beziehung auf den in Anspruch genommenen Tonumfang) ist hier entscheidend. Ein gleich anfangs eingeprägter natürlicher Ton- oder Stimmansatz, ein leichtes freies ungezwungenes Tongeben, ein ruhiges tiefes Athemholen und ruhiges Ausströmenlassen (im Gegensatz zu dem so häufigen Luftschnappen zu unrechter Zeit), eine Beschränkung auf die Töne der Mittellage und sorgsame Ausbildung dieser und einiger sich zunächst anschließenden Töne, — dies ist es, was einer guten und bildungsfähigen Stimme Gelegenheit geben wird, sich ruhig zu entwickeln. — Daß solche und damit zusammenhängende Prinzipien an den ersten Gesangsclassen der Mädchen nicht genügend feststehen, davon haben uns, wie schon gesagt, die Prüfungen sattsam überzeugt.

Von der Elementar-Clavierschule hätten wir eigentlich Lust ganz zu schweigen; denn wenn ein Instrument wie dieses, blos als Hilfsmittel, nicht als ein selbstständiger Gegenstand der Lehre angesehen und behandelt wird, so ist der Kritik so zu sagen der Maßstab unter der Hand weggezogen. Fast scheint es, als sei Letzteres eben die Absicht des Herrn Clavierprofessors, der vermöge seiner Stellung (in der Zeit der Wiedereröffnung der Anstalt Mitglied der Direction und des Conservatoriumsvorstandes) und seiner sonstigen Verhältnisse gewiß leicht und ohne nennenswerthe Opfer eine förmliche Clavierschule hätte organisiren können. Aber es ist so bequem, Nichts zu thun und dadurch aller Kritik auszuweichen. Aber gerade wegen diesem „Nichtsthun," wo doch sehr viel gethan werden sollte, findet sich die Kritik bemüssigt, das Wenige, was man zu thun gezwungen war, mit einigen Schlaglichtern aufzuhellen. In einem zweijährigen Course könnten einer Anzahl von einigermaßen befähigten Schülern doch gewiß ein deutlicher präciser Anschlag, richtiges Aufheben der Finger, sorgfältige Betonung und einige Nüancen des Vortrags beigebracht werden. Von alle dem haben wir in den Prüfungen Nichts vernommen. Ja, diese letzteren sind uns als das Unglaublichste an Verwegenheit erschienen. Wo aller Welt die Thüren geöffnet sind, ein solches Clavierspiel hinzustellen, solche Fingersatz- und Tonartensysteme und künstliche Transpositionstheorien zu entwickeln (wo der Schüler ein ganz leichtes Stück noch nicht einmal in der vorgeschriebenen Tonart ordentlich zu spielen vermag) ohne schamroth zu werden — — wir haben kein Wort dafür und wollen aus eigener Scham schweigen, — aber man gehe in diese Clavierprüfungen, höre und staune! *).

Ueber die Methode gegenüber vorgerückteren Schülern werden wir wenig Gelegenheit finden uns auszusprechen, weil das Conservatorium vor Allem den Elementarunterricht begünstigt, und die in der Instruction versprochenen Ausbildungsclassen noch gar nicht organisirt hat. Wer es weiß, wie sehr gerade in den Uebergangsperioden aus den Lehrjahren in die selbstständige Kunstthätigkeit, zwar nicht das dictatorische Lehrerwort, aber der gute Rath des erfahrenen Meisters zur künstlerischen Befestigung nothwendig ist, der wird es mit uns bitter beklagen, daß man eine Trivialschule statt einer musikalischen Universität zu errichten für gut fand.

---

*) Dieser Klage ist nunmehr der Vorwand genommen.

Wenn wir der Direction rathen sollten, so würden wir die Elementarschulen als hemmenden Ballast bezeichnen. Gibt es in Wien nicht eine Menge Privatlehrer für Violine und Clavier, nicht eine Menge Elementarschulen für Gesang? Jeder Regenschori hat eine solche, und wenn sie auch nicht immer auf das Beste bestellt sind, so bieten sie doch Gelegenheit genug zum Aufkeimen und sich Bemerklichmachen junger Talente. Wir meinen, die Direction könne die ihr zu Gebote stehenden Mittel besser anwenden: Ein Conservatorium habe es mit der künstlerischen Ausbildung Solcher zu thun, die auf irgend eine Weise schon zu einiger Musikbildung gelangt sind, und sich nun dem Fach gänzlich widmen und deshalb gründliche vielseitige Studien machen wollen.

Daß die Anzahl Solcher keine sehr große sein wird, ist ganz natürlich. Aber hängt denn auch von der Anzahl der Schüler das Renomée der Anstalt ab? Wir theilen keineswegs die Freude der Direction, welche in ihrem letzten Jahresbericht mit einigem Stolz von 169 Zöglingen *) spricht, die gegenwärtig in ihrer Anstalt den Unterricht besuchen. Wir sehen nicht ein, was eine solche Masse, unter welcher gewiß die übergroße Majorität ein nur geringes Quantum jener Anlagen besitzt, welche man in Summa mit dem Ausdruck: Talent bezeichnet, der Kunst für einen Nutzen bringen soll. Es ist natürlich, daß, je größer die Anzahl, desto geringer die Pflege sein kann, die dem Einzelnen zugewendet wird. Daß man mit einer kleinen Anzahl talentirter Zöglinge auch über die etwa nachzuholenden Anfangsgründe schneller hinwegkommen könne, versteht sich von selbst. Wir empfehlen daher auf das Dringendste eine strengere Ausscheidung jener Zöglinge, deren natürliche Anlagen zu unbedeutend sind, um eines Conservatoriumsunterrichts würdig zu erscheinen.

Wir müssen, um dem Einwurf zu begegnen: „Die pecuniäre Einnahme der Anstalt würde bei einer geringen Schülerzahl zu sehr verringert werden", auch die Schulgeld=Frage berühren. Eine Anstalt mit geringer Subvention kann selbstverständlich die pecuniären Zuflüsse nicht entbehren, die von den Schülern selbst eingezahlt werden, — ja sie muß solche um so höher ansetzen, je niedriger die übrigen Zuflüsse sind. Wir begreifen nicht, warum gerade diese Anstalt, an der so sehr über Geldmangel geklagt wird, ein so niedriges Schulgeld fordert. Es

---

*) Heute spricht man sogar von mehr als 200 Zöglingen!

ist nicht möglich, sagen wir, um jährliche 40 fl. einen so allseitigen Unterricht herzustellen, wie er intentirt ist, oder doch sein sollte. Aber auch directe Nachtheile lassen sich für die Anstalt nachweisen: Die geringe Forderung, verbunden mit der noch obendrein gegebenen Möglichkeit ganz umsonst zu lernen, lockt eine Masse musikalischen Proletariats an. Da ist ein Vater, dessen Sohn ein wenig „geignen" oder singen lernen möchte; — was thun? ein Privatlehrer kostet viel Geld, — da schickt er ihn in den „Verein," und dieser nimmt gerne den „zahlenden Schüler" auf. Wir achten ein solches Gebahren für unwürdig der Kunst und einer Kunstanstalt. Die Conservatorien in Leipzig und Berlin lassen sich 80 und 100 Thaler bezahlen. Fürchtet man hier vielleicht bei solcher Forderung keine oder zu wenig Schüler zu bekommen? Dies wäre ein fatales Geständniß, daß man selbst kein großes Vertrauen in die Zugkraft der Anstalt setzt. Wer aber kein Vertrauen zu sich selbst hat, der gewinnt auch keines von Andern. Und es kann nur der, welcher Vertrauen zu sich selbst hat, zugleich aber immer an der richtigen Erkenntniß und der Vervollkommnung seiner selbst arbeitet, Etwas leisten. Die Folgen des gegenwärtigen Systems können nicht ausbleiben: Das Conservatorium wird fortwährend vom Proletariat belagert, und von vielen gebildeten, wohlhabenden Zöglingen gemieden werden, weil so wenig Zeit auf den Einzelnen verwendet wird. Dies ist schon deshalb zu beklagen, weil Jemand, der Künstler werden will, viel zu seiner Ausrüstung und Ausbildung bedarf. Ein Künstler muß auch ein gebildeter Mensch sein. Ueberläßt man nun zuviel dem Privatunterricht, so bleibt eben die einseitige Musikbildung vorwaltend, denn viele Eltern haben nicht die Einsicht, um die Nothwendigkeit einer umfassenderen und tiefer eingehenden Methode zu begreifen. Diese Einseitigkeit der Musikbildung herrscht auch innerhalb unseres Conservatoriums, da man an dem doch in der Instruction ausgesprochenen Grundsatz: „Jeder Zögling müsse außer seinem Hauptinstrument Gesang, Clavier und Compositionsstudien treiben" nicht festhalten zu müssen glaubt. Beweis hiefür die gedruckten Classificationen und Verzeichnisse der Zöglinge nach ihrer Eintheilung in den verschiedenen Schulen. Demnach kann und wird es sich ereignen, daß ein Zögling z. B. als Violinspieler seine Studien beendigt, und kaum weiß, was ein Dreiklang ist, — oder daß vielleicht ein Anderer Contrapunkt und Fuge studiert und kaum eine Mozart'sche leichte Sonate gut spielen kann, — und was dergleichen lobenswerthe Consequenzen mehr. Man scheint in diesem Punkt der Unwissenheit und Bequemlichkeit der Zöglinge, wie der Filzigkeit ihrer Eltern und Vormünder Concessionen zu machen, die ganz unbegreiflich wären, wenn nicht die Instruction selbst Aufschluß darüber gebe. Dieselbe hebt nämlich ihre eigenen Bestimmungen wieder auf, indem sie zweierlei Schulgeld festsetzt: 30 fl. und 40 fl., je nachdem ein Zögling blos e i n e n Gegenstand oder mehrere zugleich studiert! Man kann sich leicht vorstellen, wie günstig diese wahrhaft geistreiche Bestimmung (§. 15) auf die allseitige Bildung der Zöglinge einwirkt.

Was die Musikstücke anlangt, die wir in den Prüfungen zu hören bekamen, so waren dieselben nicht der Art, daß man daraus einen sonderlich günstigen Schluß auf das während der Schuljahre beim Unterricht Verwendete ziehen konnte. Ein plan- und charakterloses Durcheinander aller möglichen Style wurde da geboten, — Lieder von P r o c h und Potpourri's über italienische Opernmotive fehlten nicht, — und selbst der 3. Classe der Violinschule müssen wir den Vorwurf machen, daß Vieles gespielt wurde, was, nur die Eitelkeit des Spielenden befördernd, alles musikalischen Werthes ermangelt. Beiläufig gesagt, halten wir auch Stücke, die in geistiger Beziehung (wie Beethoven's Violinconcert) und Stücke, die in technischer Beziehung außer dem Horizont eines Schülers stehen (wie V i e u x t e m p s' auf die Spitze der Schwierigkeiten getriebene Concertstücke) für unmethodisch. Warum, fragen wir hier, wird das Quartettspiel gänzlich versäumt? Die Instruction enthält doch (§. 29) eine Vorschrift, worin sie für die Zöglinge der Violin- und Violoncellschule e i n e wöchentliche Quartettübung festsetzt. Daß auch diese gutgemeinte Vorschrift nicht beachtet wird, geht schon daraus hervor, daß wir bei den Prüfungen Nichts der Art zu hören bekamen, was man doch sonst dem neugierigen Publicum gewiß nicht vorenthalten hätte. Es soll uns indessen freuen, wenn wir hierüber eines Andern belehrt werden *): denn wir wüßten wahrlich nicht, womit man die Umgehung jener wichtigen Vorschrift entschuldigen könnte. Wir bächten, neben tüchtigem Studium von Etüden und älteren Violinconcerten wäre nichts nützlicher als das Studium der H a y d n'schen Quartette, in welchen besonders für den Primarius so manche nützliche Aufgabe gestellt ist. Mit A r t o t, D a n c l a und V i e u x t e m p s erzieht man keine soliden Violinspieler.

---

*) Ist noch heute beim Alten!

An einigen Conservatorien sind Lehrkanzeln für Geschichte der Musik errichtet; — ob dieselben auch zweckmäßig organisirt sind, ist eine Frage, die wir nicht beantworten können. Der Nutzen solcher Vorträge ist sehr problematisch, wenn nicht gewisse Vorbedingungen erfüllt sind, und es muß vorausgesetzt werden, von Seite der Hörer: eine schon weit gediehene technisch und theoretisch musikalische Bildung, von Seite des Vortragenden tiefe harmonische Kenntnisse und überhaupt tiefes Einblicken in das Wesen der musikalischen Compositionen, um die feinen Unterschiede der Style und Compositionsformen darlegen zu können. — Das frühere Wiener Conservatorium hatte unseres Wissens keine Professur für diesen Gegenstand. Da man aber doch mit dem Zeitgeist fortschreiten muß, so hat die Direction neuester Zeit dem Herrn Clavierprofessor diese Professur übertragen. Es könnte sich leicht ereignen, daß diesmal der Professor ohne Schüler bleiben möchte; denn an wen soll sich ein solcher Unterricht wenden, bei einer Anstalt die keine Ausbildungsclassen und keine Clavierschule hat, wo also noch viel weniger von Partiturspiel, und von Kenntniß selbst der zunächst liegenden Meister die Rede sein kann. Wir sind in der That sehr begierig, wie die Lösung dieses Räthsels versucht werden wird. *)

Ueber das am Conservatorium vertretene System der Compositionslehre maßen wir uns nicht an abzusprechen. Nirgend ist es so schwierig als hier zu urtheilen, wie viel der Lehrer durch gelegentliche Winke ausrichtet. Indessen zum wirklichen Componiren scheint man es im Conservatorium noch nicht gebracht zu haben, — denn noch ist unseres Wissens nicht das kleinste Lied von einem Zöglinge als Probestück der erlangten Kenntnisse producirt worden. **) Wir anerkennen vollkommen den Nutzen, den Herrn Sechter's gediegener Unterricht Jedem bringen muß. Aber wir wünschten, daß man über denselben noch ein gutes Stück hinaus ginge. Von Einem ist nicht Alles zu verlangen; — die Formlehre, das Festhalten am einfach Schönen (gegenüber dem Künstlichen), Alles was zum praktischen Componiren gehört, kann und soll von einem freieren luftigeren Standpuncte aus, als die Gelehrsamkeit ist, betrieben werden. Damit würde Herrn Sechter's streng folgerichtige Lehre nicht herabgesetzt, — sie würde nur einem größeren Erfolg dienstbar. So ist in Leipzig Hauptmann, der große

---

*) Die Professur für Geschichte der Musik ist seitdem wieder aufgehoben worden.
**) Ist ebenfalls noch beim Alten!

Tongelehrte, nicht der Einzige, zu welchem Zöglinge in die Schule gehen; auch Fr. Richter und J. Rietz sind an der Anstalt als Compositionslehrer beschäftigt, und die Zöglinge genießen zugleich den Nutzen ihrer praktischen Gewandtheit.

Genug, vielleicht schon zu Viel für die Geduld des Lesers. Die Direction der Gesellschaft der Musikfreunde aber glaube nicht, daß wir ihr durch diesen Aufsatz Verlegenheiten bereiten wollten. Im Gegentheil wissen wir recht wohl, daß das musikalische Heil Wiens großentheils in ihre Hände gelegt ist, daß wir nur von ihr eine Verbesserung unserer Zustände erwarten dürfen. Eben deshalb müssen wir sie aber vor Irrwegen warnen, auf denen sie schon in früheren Jahren ging, und die Sache rücksichtslos und scharf gezeichnet hinstellen. Ebenso streng wie unser Tadel ist, soll auch unser Lob warm und freudig sein, wenn wir sehen werden, daß unseren Vorstellungen Aufmerksamkeit, unseren Beschwerden Abhilfe zu Theil wird.

Die Gesellschaft der Musikfreunde als Concertinstitut.
(October 1855.)

In Folge der Wirren, welche über das Conservatorium hereingebrochen sind, wurden auch die weiteren Verhältnisse der Gesellschaft der Musikfreunde und die Aufgabe derselben von verschiedenen Seiten längeren Untersuchungen unterzogen, und wir halten es für unsere Pflicht, auch auf diesem Kampfplatz zu erscheinen und besseren Ansichten wo möglich den Sieg bereiten zu helfen.

Worin besteht die Aufgabe der Gesellschaft d. M.? — Die Redaction der „Monatschrift" hat hierüber kürzlich sehr bemerkenswerthe Andeutungen gebracht, und indem sie dieselbe in drei Rubriken theilte (gediegene „Concerte", — „Elementarunterricht", — „höhere Bildungsanstalt") den Rath gegeben: falls genügende Geldmittel nicht aufzutreiben wären, sich auf eine der drei Aufgaben zu beschränken und diese tüchtig zu lösen. Von anderer Seite bezeichnet man die von Fachmusikern ausgeführten Concerte als den „Krebsschaden" (!?) des Instituts. Wieder Andere meinen, man müsse eher das Conservatorium fallen lassen, aber die Concerte in bisheriger oder vollkommenerer Weise fortführen. Was ist nun in diesem Wirrsale von Ansichten und Meinungen das Rechte? Unserer unmaßgeblichen Meinung nach kann die Gesellschaft in diesem Augenblick, aus Rücksicht für die hiesigen Kunstzustände wie aus Gründen der Zweckmäßigkeit, weder die Concerte noch das Conservatorium gänzlich fallen lassen. Sie hat zu beiden positive Aufträge, die von verschiedenen Seiten kommen: zu den Ersteren von ihren Mitgliedern, die vor Allem Concertabonnenten sind, — zu dem Anderen von Staat und Gemeinde. Würde man das Conservatorium fallen lassen, so würden deshalb die Concerte nicht besser werden. Dann erschiene auch der Jahresbeitrag zu hoch. (5 fl. Eintritt in vier Concerte; von dieser Seite betrachtet muß letzterer allerdings auch als Unterstützung des Conservatoriums angesehen werden). Würde man dagegen das Concertinstitut fallen lassen, so sehen wir abermals nicht, wie das Conservatorium sich deshalb heben sollte, da die Zahl Derer wohl sehr klein sein dürfte, die blos das Conservatorium als Lehranstalt durch einen Jahresbeitrag zu unterstützen geneigt wären; man müßte sie denn durch Zöglingsconcerte entschädigen. Die Auflassung des Einen wie des Anderen würde, so fürchten wir, so viel bedeuten als „Auflösung des Vereins". Eine solche wäre aber nur in dem Falle nicht als eine traurige Eventualität anzusehen, wenn sichere Garantien sich dafür böten, daß die von der Gesellschaft übernommenen Aufgaben eine anderweitige bessere Lösung fänden, — wenn etwa ein anderes allen Ansprüchen genügendes Concertinstitut entstünde, — wenn etwa der Staat das Conservatorium auf eigene Rechnung nähme.

Das Dilemma wird demgemäß also lauten: Entweder Concerte und Elementarschule, oder Concerte und höhere Bildungsanstalt. Wir haben uns schon in Betreff des Conservatoriums für das Letztere entschieden ausgesprochen. Für heute ist die Gesellschaft als Concertinstitut der Gegenstand unserer Untersuchung und wir gedenken auch aus den hiesigen Kunstzuständen, welche allein zur Orientirung helfen können, nachzuweisen, daß die Concerte der Gesellschaft eine Nothwendigkeit sind. Ueber diese Kunstzustände müssen wir zuerst ein klares Wort sprechen, indem wir einige noch ziemlich stark im Schwunge befindliche Illusionen zerstören.

Als wir neulich in einem Aufsatze von August Gathy („Haydn's Schöpfung in Paris. Ein Rückblick" im Augusthefte dieser Blätter) folgende Worte lasen: „Deutschland hat seine Singacademien, darin die jungen Generationen an den Werken alter classischer Meister, vorzüglich an Oratorien und großen Kirchencompositionen, groß werden, treffliche Anstalten musikalischer Bildung. England hat seinen Händel, der bei keinem Musikfest fehlen darf und in traditioneller Ausführung ein Gegenstand andächtiger Verehrung geworden ist. Frankreich, oder richtiger Paris — denn die Hauptstadt steht in dieser Richtung gegen einige rühmliche Ausnahmen in der Provinz zurück — Paris hat dergleichen nicht; es hat keine Singacademien, hat keine Musikfeste und kennt mit Ausnahme einiger zerstreuter Verehrer des Schönen, deren ästhetischer Sinn etwas mehr verlangt und eblere Bedürfnisse empfindet als die alltägliche Abfütterung, zu der sich die schaulustige Menge in die Theater drängt, von Händel so gut wie nichts: — die Oper verschlingt alle Kräfte und nagt, ein unersättlich Ungeheuer, am Reich der Töne, das ihr zum Opfer verfiel" u. s. w. — da fiel es uns schwer aufs Herz und wir dachten: tout comme chez nous! Wir haben auch keine Singacademien, (mit Ausnahme der vielbesprochenen Schöpfungs- und Jahreszeiten-Aufführungen durch eine zu zwei Proben schnell zusammentretende Körperschaft) keine Musikfeste, und von Händel, Bach und Gluck wissen wir so wenig wie die guten Pariser. Die Anzahl unserer größeren Concerte (wo die Symphonie den Gipfelpunkt des Interesses bildet) ist sehr gering (sechs — und diese sind nicht sicher; andere deutsche Städte haben zwölf bis breißig). Die kirchlichen Aufführungen sind größtentheils schleudrisch, da sie zumeist ohne Ensembleproben vor sich gehen. Der Einfluß der Oper ist auch hier ein Alles verschlingender, da zu wenig Zeit und Muße übrig bleibt um mit der den Ausführenden so nothwendigen Sammlung der geistigen und körperlichen Kräfte an die größeren Concerte und deren Proben zu gehen. Unsere Concertstunden sind die ungeschicktesten, die man ersinnen kann, — u. s. w.

So steht es bei uns; und doch ist das Bedürfniß eines lebendigeren Musiktreibens unverkennbar vorhanden, nur ist die Anzahl derer zu klein, die auf kräftige entschiedene Weise dasselbe anerkennen.

Bei der Schwierigkeit nun, welche darin besteht, hier in Wien, wo sich kaum ein öffentliches Musikinstitut, — dem nicht eine großartige Staatsunterstützung zu Theil wird — halten kann, verschiedene Institute neben und mit einander in die Höhe zu bringen, von denen eines das andere zu ergänzen und durch Concurrenz zu fördern vermöchte (wie in Leipzig Gewandhaus- und Euterpe-Concerte — wie ferner in Berlin Singacademie, Stern'scher Gesangverein,

Symphoniegesellschaft u. s. w.), fällt die Aufgabe in ihrer ganzen Schwere auf die Gesellschaft b. M., welche mit ihren bisherigen Mitteln und bei der bisher eingeschlagenen Richtung, der vollständigen Lösung nicht gewachsen erscheint, — und doch sich ihr nicht entziehen kann und darf; denn sie besitzt, was eine Concertgesellschaft, eine Singacademie, ein Conservatorium vor Allem braucht, — was eine neue Gesellschaft erst mit großen Kosten sich verschaffen müßte, — nämlich eine reiche Bibliothek, Instrumente, ein, wenn auch unzweckmäßig gebautes, aber doch verwendbares Locale; — und endlich eine anerkannte Stellung in der Residenz durch die Theilnahme an ihrer Leitung seitens hochgestellter und somit einflußreicher und Vertrauen erweckender Kunstfreunde. Augesichts der ernsten Situation dürfen wir nicht verschweigen, daß auch wir die Gesellschaft einer Reform an Haupt und Gliedern bedürftig halten, und zwar einer ernsteren Reform als derjenigen, die vor fünf Jahren ins Werk gesetzt wurde, und daß bei entschiedenerer Eindämmung oder Beseitigung derjenigen Einflüsse, welche allzugenau und principiell mit dem früheren Regime verschlungen erscheinen, und auch in der eben verflossenen Epoche als die eigentlichen Hemmschuhe jeglichen Fortschrittes sich erwiesen haben, künftighin einer kräftigen wahrhaft künstlerischen Leitung Raum gegeben werden müsse.

Wir sehen uns um so mehr genöthigt, dieses Verlangen auszusprechen, als man jetzt ganz deutlich erkennen kann, wo manche Leute, die zur Direction in directer Opposition stehen, hinauswollen: aus Abneigung gegen einzelne Persönlichkeiten, wie aus gänzlichem Verkennen der künstlerischen Anforderungen, die man an ein Musikinstitut zu stellen berechtigt ist, streben sie nach Herstellung der alten Dilettantenwirthschaft, wo z. B. der artistische Director des Conservatoriums unter zwei Vicedirectoren und zwei Inspectoren stand, welche, sämmtlich Dilettanten, den Vorstand des Conservatoriums bildeten!!

Kehren wir zur Hauptsache zurück. Wir sagten, daß die zwar reformbedürftige, aber auch reform- und leistungsfähige Gesellschaft b. M. einer Fülle von Aufgaben fast unterliege; und wir fügen nun hinzu, daß sie ebendeshalb moralischer Unterstützung und pecuniärer Stärkung bedürftig sei, — wofern ihr nicht ein Theil der Aufgaben auf eine beruhigende Weise abgenommen werde. Unseres Erachtens wäre der philharmonische Körper allerdings geeignet einen Theil (Instrumentalconcerte) abzunehmen, aber nur unter gewissen Voraussetzungen oder Bedingungen. Diese wären: 1. Vollkommene Stabilität und **Sicherstellung** dieser Unternehmung, — 2. dem Bedürfniß **angemessene Anzahl** der Concerte, — 3. **reichhaltiges Programm.** So lange der philharmonische Verein bei seinen **zwei** Concerten stehen bleibt, so lange das Unternehmen überhaupt von Zufälligkeiten abhängt, — so lange kann das Bedürfniß der Musikfreunde nicht für befriedigt gehalten werden, und so lange steht für die Gesellschaft d. M. die Aufgabe fest, das Fehlende zu ergänzen, oder ein weitherzigeres Ziel zu verfolgen. In unserem Gedächtniß ist der ziemlich lange Zeitraum noch nicht verlöscht, wo **alle** guten Concerte schwiegen, und **nur** die Gesellschaft fortfuhr ihrem Auftrag, wenn auch in einer den traurigen Zeitverhältnissen entsprechenden Weise nachzukommen. Wir wollen indeß den Tag loben, an welchem sich jenes Verhältniß dahin geändert haben wird, daß die Gesellschaft das **Conservatorium** als ihre wesentlich **einzige** Aufgabe betrachten kann.

Aber sind denn die Concerte überhaupt so wichtig, bedarf es einer größeren Zahl derselben? Was sollen sie uns bringen? Sie sollen uns bringen: Gediegene Aufführungen 1. jener anerkannten Meisterwerke, die das Publikum schon lange kennt und liebt, und die auch für unsere Künstlerjugend die erste und wichtigste Bekanntschaft sein müssen (**Haydn, Mozart, Beethoven, Mendelssohn**); — 2. jener älteren Werke, welche großartigen Inhalts sind, ihrer äußeren Form wegen aber von vorurtheilsvollen Concertleitern vernachlässigt wurden (**Händel, Bach**, alte Italiener u. s. w.); — 3. von Werken neuerer Componisten, die sich **anderswo** schon Bahn gebrochen haben (**Schumann, Gade, Hiller, Benett** u. A.) — und endlich 4. von Werken **einheimischer strebsamer** Tonsetzer, deren Entwicklung von der Möglichkeit oder Unmöglichkeit abhängt, ihre Werke selbst zu hören und der Beurtheilung der gebildeteren Presse, des verständigeren Publikums zu überliefern, womit im günstigen Falle die Lust und Freudigkeit am Schaffen und jener materielle Erfolg erzielt wird, ohne welche ein Fortschreiten auf der ohnedies schwierigen Bahn unmöglich ist. — Keine von diesen vier Aufgaben darf von einer Concertunternehmung ohne Nachtheil für den Kunstzustand außer Acht gelassen werden, und die Anzahl der Concerte muß sich nach dieser Forderung richten. Der philharmonische Körper hat von jenen vier Aufgaben nur die **erste**, diese aber größtentheils sehr tüchtig gelöst. Die Gesellschaft d. M. hat die **drei** ersten in fortwährendem Kampfe mit Hindernissen aller Art zu lösen gesucht, jedenfalls in der abgelaufenen Epoche 1850—1855 mit besserem Erfolge (vom künstlerischen Standpunkte) als in den früheren Epochen, welche eigentlich nur die Musikfeste als etwas historisch Bedeutendes aufzuweisen haben.

Haben wir es nun als nothwendig bezeichnet, daß die Gesellschaft die Concerte nicht fallen lasse, so müssen wir noch beifügen, daß diese Concerte von Fachmusikern und zwar den besten, die man haben kann, ausgeführt werden müssen; denn die obigen Aufgaben erfordern kunstmäßig gebildete Spieler, nicht solche, die etwa blos aus Liebhaberei überall dabei sind, wo es etwas zu geigen gibt. Einige wirklich der Sache gewachsene und kunsteifrige Dilettanten (die man denn eigentlich nicht mehr Dilettanten nennen kann), — so wie eben solche Zöglinge des Conservatoriums sollen damit nicht ausgeschlossen gemeint sein. — Was aber in aller Welt soll man von Rathschlägen halten, die auf dem Satze fußen: „Die von Fachmusikern ausgeführten Concerte sind der Krebsschaden des Instituts?" Besser wird es sein, unparteiisch die Ursachen zu untersuchen, welche bisher besseren Concertleistungen hinderlich waren, und dadurch manchen Uebelstand beseitigen zu helfen. Wir wollen es versuchen, einige dieser Uebelstände darzulegen.

Fangen wir beim Dirigirpulte an, so wollen wir öffentlich dem musikalischen Talent, dem ausgezeichneten Gedächtniß, dem guten Willen und der Gewandtheit des Herrn artistischen Directors alle Gerechtigkeit widerfahren lassen, denn es sind dies Eigenschaften, die nicht allzuhäufig vereinigt anzutreffen sind. Um so wünschenswerther muß es deshalb erscheinen, daß derselbe sich auch in anderer Beziehung jenes Ansehen bei den ausführenden Musikern zu erwerben vermöchte, welches hauptsächlich jene Spannung, Aufmerksamkeit und Willfährigkeit erwecken und wach erhalten kann, die zu vollendeten Orchesterleistungen so nothwendig sind. Wenn der geehrte Herr, von dem wir sprechen, sich so streng an die Sache zu halten vermöchte, daß er sich ganz darüber vergäße, — wenn er, selbst genau und pünctlich in der Erfüllung seiner Obliegenheiten, dasselbe auch von Anderen verlangen würde, ohne gerade hier den Künstler und Director zur Schau zu stellen, — was gilt die Wette: er würde viel mehr ausrichten, die Zahl seiner Freunde würde sich bedeutend vermehren, und — die Zeitungen hätten nicht nöthig sich darein zu mischen, was wohl das Allerbeste wäre. Wolle uns der geschätzte Herr recht verstehen: Wir wünschten, daß die Sache einen erfreulichen Aufschwung nähme, und je besser die Sache durch ihn befördert werden wird, desto dankbarer und ergebener wird er uns allezeit finden.

Zum Orchester übergehend bemerken wir, daß die Benützung der Zöglinge des Conservatoriums bisher eine nicht genug wählerische war. Unseres Erachtens müßte die Erlaubniß mitzuwirken eine **Auszeichnung** sein, welche **nur Jenen** zu Theil würde, deren bereits **künstlerische** Bildung hinlängliche Garantien für **exacte und delicate Ausführung** ihrer Partie böte.

Diese Angelegenheit hängt übrigens sehr mit dem **Local** der Concerte zusammen, und wir müssen gestehen, daß wir ziemlich bedeutende nachtheilige Einflüsse des für die Vereinsconcerte zu **großartigen** Reboutensaales wahrgenommen haben, die uns einer eingehenden Prüfung zu bedürfen scheinen. Erstens in Bezug auf die **Kosten**. Der Saal kostet zwar nichts an **Miethe**, dagegen ist die Bestreitung der Beleuchtung und Herrichtung des Saales ein großer Posten in den Rechnungen der Concerte. Auch erfordert dieser Saal ein sehr stark besetztes Orchester (namentlich in Betreff der Streichinstrumente), welcher Umstand entweder abermals die Kosten bedeutend vermehrt, oder eben jenen Uebelstand zur Folge hat, daß man allzuviel **unentgeltlich** mitwirkende Kräfte herbeiziehen muß, zum Nachtheile (wie wir oben gezeigt haben) der Präcision der Ausführung.

Aber auch auf die **Stimmung** des Auditoriums läßt sich aus Erfahrung ein nachtheiliger Einfluß nachweisen: ein großer, sehr hoher Raum, ohne Tageslicht, bei eben nicht sehr verschwenderischer Oel- und Kerzenbeleuchtung wirkt durch sein Dunkel trübend auf die Stimmung des ganzen Menschen. Dazu kommen noch rein musikalisch-acustische Eindrücke: für neuere Werke mit ihren oft sehr subtilen Instrumentaleffecten (Mendelssohn, Schumann, Gade) ist dieser Saal nicht ganz günstig; obgleich Manches ganz herrlich klingt, schallt doch manches Andere gar zu sehr. Der Pauken- und Trompetenton läßt sich nicht schnell genug ersticken, — er überschreit forttönend, ohne Schuld des betreffenden Musikers, zartere Figuren, deren Eintreten dadurch unverständlich wird. Daraus erklärt sich warum in dem kleinen, eigentlich unschönen Vereinssaal neue Werke viel schneller verstanden werden und größere Wirkung hervorbringen, als im großen Reboutensaal, wo das Publikum oft eine eisige Kälte darlegt.

Die Aufstellung des Orchesters ist überdies der Art, daß das Uebel noch mehr vermehrt wird, indem die Violinen, welche doch die Hauptträger des musikalischen Gedankens sind, sehr weit hinten gesetzt sind, wodurch man besonders auf den Parterresperrsitzen oft Mühe hat dieselben zu vernehmen *). Man wird hierauf entgegnen: der Reboutensaal sei der Anzahl der Concertbesucher wegen nothwendig, — der Gesellschaftssaal habe sich erfahrungsmäßig als zu klein erwiesen. Wir glauben aber, daß einerseits nur eine Unmasse von Freibilleten den Reboutensaal bei den Gesellschaftsconcerten ausfüllt **) und daß diese Freibillete sehr nachtheilig auf die Einnahme wirken; denn bei der Leichtigkeit solche zu erlangen, erspart Mancher gern fünf Gulden. Andererseits glauben wir, daß der Gesellschaftssaal bei festem Abonnement aller Sperrsitze (und zu Sperrsitzen kann der ganze Raum verwendet werden) eine hinlängliche Zahl von Besuchern faßt, um die Kosten zu decken. Wir müssen hier auf die Zweckmäßigkeit der Einrichtung bei den philharmonischen, Pariser Conservatoriums- und Leipziger Gewandhaus-Concerten hinweisen, gemäß welcher principiell g a r k e i n e Freibillete ausgegeben werden. Die Säle der beiden Letzteren sind ebenfalls ziemlich klein; dagegen ist das Abonnement so fest, und vererbt sich (besonders in Paris) derart in den Familien, daß es fast unmöglich ist Sitze zu erlangen. Eine solche Einrichtung hat zwar den Nachtheil, daß der Genuß guter Musik Manchen unzugänglich wird; allein sie hat andererseits das Gute, daß die Concerte viel gesicherter und besser sein können, — ja m ü s s e n; denn solch' ein k l e i n e s aber s t e t i g e s Publikum bildet sich nach und nach zu einem wahren Areopag heran.

Als vor mehreren Jahren die wöchentlichen C h o r ü b u n g e n unter der Direction des Herrn S t e g m a i e r eingeführt wurden, setzten wir auf dieses Unternehmen große Hoffnungen. Was anderwärts unter dem Titel von Singacademien, Gesangvereinen u. dgl. längst in Blüthe stand und bereits herrliche Früchte getragen hatte (durch stehende Aufführungen von Oratorien) — das sollte und konnte h i e r ganz füglich als eine der Aufgaben des Musikvereins angesehen und behandelt wer-

---

*) Dieser Uebelstand ist seitdem gehoben worden.
**) Hieraus erklärt sich auch das komische Intermezzo, welches in der letzten Generalversammlung ein eben nicht sehr mit den Verhältnissen der Gesellschaft vertraut scheinendes Mitglied zum Besten gab, indem es vor e i n i g e n T a u s e n d e n von Mitgliedern sprach, und dann zu seinem Erstaunen erfuhr, daß deren nur etwa 600 sind.

den. Wir können jedoch die bisherige Leitung dieser Angelegenheit keine ganz glückliche nennen, und es spricht für unsere Ansicht der Umstand, daß die Anzahl der Theilnehmer eine so geringe geblieben ist (wenn man die Zöglinge des Conservatoriums abrechnet, bleiben etwa 130 Mitwirkende übrig, welche überdies sehr unregelmäßig erscheinen), und wir sehen uns deshalb veranlaßt, gestützt auf mehrjährige Beobachtung, die Hauptgebrechen dieses Unternehmens von unserem Standpunkt aus darzustellen.

Es wird kaum möglich sein die mitwirkenden, zum Theil sehr intelligenten Ständen angehörigen Herren und Damen bei Lust und Freudigkeit der Theilnahme zu erhalten, wenn sich erstens in der Leitung dieser Uebungen ein so sichtbarer Mangel an Einheit kund gibt. Zweierlei Directoren, unter sich wenig übereinstimmend in der Art und Weise die Sache zu behandeln, oft in der Auffassung der Tempi und des dem Tonstück im Ganzen und Einzelnen zu gebenden Colorits schnurgerade entgegen (welche Entzweiung freilich so gut es gehen will verborgen wird, aber wohl dem Mitwirkenden gar bald klar wird und ihn unangenehm berührt) — wirken ermüdend und herabstimmend auf den Eifer aller Betheiligten, und man würde sehr unrecht thun, dem wackeren Herrn Chormeister Stegmaier in die Schuhe zu schieben, was unter dem Druck der Verhältnisse von ihm nicht geleistet worden ist, — weil nicht geleistet werden konnte.

Ein zweiter Uebelstand scheint uns in der Art der Benützung und Behandlung dieses Chorpersonals zu liegen. Wir halten es für unzweckmäßig in den Concerten einzelne Chöre von kleinem Umfang neben Symphonien und Ouvertüren zu geben. Denn, abgesehen von der sonderbaren Zumuthung an Herrn und Damen aus gebildeten Ständen, sich wegen eines Chors schwarz und weiß gekleidet in den Reboutensaal zu verfügen, um dort während ganzer Symphonien und dergleichen wie Häringe zusammengepfercht in dem ungünstigsten Winkel der Gallerie stehen zu müssen, halten wir es für eine würdigere und unseren Kunstzuständen zuträglichere Aufgabe, ganze Oratorien aufzuführen, in welchen der Chor bekanntlich eine wichtige und selbstständige Rolle spielt. Eine Scheidung der Concerte in reine Instrumentalconcerte und Oratorienaufführungen würde daher sehr zweckmäßig erscheinen, und wir würden für letztere den Reboutensaal, für Erstere den Vereinssaal mit abgesondertem Abonnement vorschlagen. — Daß bei den Chorübungen öfters Werke probirt werden, von denen nicht die gehörige Anzahl von Auflagsſtimmen vorhanden iſt, wodurch alſo viele Anweſende zur Unthätigkeit gezwungen werden — müſſen wir auch als einen Mißgriff bezeichnen, welcher ſehr zur Erkältung des Eifers beiträgt.

Ferner müſſen wir als durchaus nothwendig eine **genauere Prüfung** der Mitwirkenden bei ihrem Eintritt anempfehlen. Eine ſolche Prüfung beſteht überall und verdrießt oder wirkt abſchreckend blos auf die, welche wirklich **Nichts können**. Schön iſt dieſes u. a. in der Berliner Singacademie eingerichtet, wo für die Schwächeren eine beſondere wöchentliche (ſogenannte **kleine**) Singübung ſtattfindet, ans der der Uebertritt in die **große** erſt nach erlangter genügender Fertigkeit möglich iſt.

Noch Eines! Und zwar eine beſcheidene Anfrage: Wenn das Programm der Concerte **ſpät**, etwa im October, feſtgeſtellt wird, — iſt es dann 'nothwendig, daß für den November gleich der **Chor** in **öffentliche** Thätigkeit geſetzt wird, und nach einigen wenigen Zuſammenkünften (vielleicht überdies mit vielen **neuen** Mitgliedern) Werke, wie etwa den **Lobgeſang**, vorführen muß?

Ueber die Leitung des Vereins im **Ganzen** dürfen wir der Vollſtändigkeit wegen, und um uns vor dem Vorwurf allzugroßer Devotion zu wahren, unſere Meinung nicht zurückhalten. Wir haben uns ſchon oben vollkommen **damit** einverſtanden erklärt, daß die oberſte **adminiſtrative** und **öconomiſche** Leitung von einer Direction beſorgt werde, die aus ſo ehrenwerthen und in der Stadt hochgeſtellten Perſonen beſteht. Nur können wir **den** Wunſch nicht unterdrücken, daß in **rein** künſtleriſchen Angelegenheiten, in Fragen des Unterrichts, in Fragen über einzuſchlagende Richtungen, Programme u. dgl. eigentlichen Fachmuſikern von vielſeitiger Bildung, deren Charakter zugleich jede Befürchtung eigennütziger Beſtrebungen ausſchließt, mehr Gelegenheit gegeben werde ſich auszuſprechen, und daß man Solchen mehr **glaube**, — daß man endlich **rein** muſikaliſche Obliegenheiten, wie Direction von Productionen und Zöglingsübungen, Beurtheilung von Prüfungen u. dgl., **Künſtlern** überlaſſe *).

---

*) Paragraph 28 der Statuten gibt hierzu ganz entſprechende Veranlaſſung. Es heißt: „Die Direction kann zur Beſorgung einzelner in ihren Wirkungskreis gehörigen Angelegenheiten eigene Comités beſtimmen und denſelben, ſo wie ihren eigenen Sitzungen auch Fachmänner beiziehen, welche nicht Mitglieder der Geſellſchaft ſind" u. ſ. w.

Viel liegt in dieser Beziehung auf den Schultern des artistischen Directors, von welchem verlangt werden darf, daß er in jedem vorkommenden Fall echt künstlerische Prinzipien mit Nachdruck, Beharrlichkeit und Hintansetzung aller persönlichen Motive zu vertreten wisse, und eine genauere Bestimmung und Abgrenzung der Obliegenheiten der verschiedenen Herren Vereinsvorstände wird nothwendig erscheinen, um Einheit und Klarheit im ganzen Organismus herzustellen.

Zwei Gesangvereine in Wien.
(April 1858.)

Es gährt in Wien bedeutend, und was schon längst in der „Monatschrift" und anderen hiesigen Blättern als ein bringendes Bedürfniß aufgestellt, auch von Einzelnen im Kleinen und von der Gesellschaft der Musikfreunde in größerem Maßstabe, aber bisher ohne erquickliche Resultate, versucht wurde, scheint endlich seiner Erfüllung entgegengehen zu wollen. Man war nicht wenig überrascht vor wenigen Wochen die Nachricht in der amtlichen Zeitung zu lesen, daß eine Anzahl hiesiger Musiker und Musikfreunde, unter welchen F. Stegmayer der Impulsgebende zu sein scheint, von der Statthalterei die Bewilligung zur Errichtung einer „Singacademie" für gemischten Chor nach dem Vorbild bereits längst bestehender Vereine in deutschen Städten erlangt habe, und zum Beitritt auffordert. Noch größer ward aber die Ueberraschung, als bald darauf öffentliche Anschlagzettel meldeten, die Gesellschaft der Musikfreunde habe eine Reorganisation ihrer „Chorübungen" beschlossen, um ein selbstständigeres Unternehmen: „Singverein" genannt, unter der Leitung des Herrn Herbeck an deren Stelle treten zu lassen. Wir hätten demnach zwei Unternehmen dieser Art zu gewärtigen und hegen keinen heißeren Wunsch als den, daß es Beiden gelingen möchte, etwas zu Stande zu bringen und durch kräftige Rivalität sich gegenseitig zu lebendiger Thätigkeit aufzustacheln. Ob es indessen schon jetzt möglich sein wird, in Wien zwei solche Anstalten neben einander lebensfähig zu machen, in Wien wo gegenwärtig, wie uns scheint, noch der Vorbedingungen gar viele fehlen, welche zur genügenden Theilnahme und zur Unterstützung auch nur eines solchen Unternehmens nothwendig erscheinen, — dies ist eine Frage, welche die eingehendste Untersuchung von Seite derer verdient, welche hier thätig vorgehen. Die Beantwortung wird freilich vom Resultat selbst gegeben werden, und es ist nicht mit Sicherheit vorherzusagen, in welchem Sinne sich die musikalischen Bewohner Wiens durch die That aussprechen werden. Uns kommt dabei jedoch zu, mit Entschiedenheit unsere Gedanken auszusprechen und namentlich darauf zu bringen, daß über der Rivalität der dabei am einflußreichsten wirkenden Persönlichkeiten oder Gesammtheiten die Hauptsache nicht zu leicht genommen werde, — nämlich das, was dem Publikum und dem Kunstzustand frommt oder noth thut. In Betreff unserer Gesellschaft der Musikfreunde müssen wir gestehen, daß wir kein rechtes Vertrauen in ihre oft pomphaft angekündigten, später aber meist wieder zu Wasser gewordenen „Reorganisationen" haben. Guter Wille ist da, dies läßt sich nicht läugnen; — aber die oft gemachte Erfahrung, daß immer ganz gewaltige Umwälzungen nöthig waren, um die Direction aus ihrem narkotischen Schlaf zu wecken, und daß schließlich doch nur das Aeußere ein wenig verändert wurde, der Geist aber derselbe blieb, — diese Erfahrung drängt uns den lebhaften Wunsch auf, daß die „Singacademie" gedeihen möge, damit in Wien einmal gezeigt werde, wie man auch unter einem ganz neuen musikalischen Ministerium gewisse Dinge zu Stande bringen könne. Hat man es doch eben wieder erleben müssen, daß die Direction der Gesellschaft der Musikfreunde das lobenswürdige Vorhaben, ein Händel'sches Oratorium aufzuführen, nachdem man den ganzen Winter daran in den Chorübungen studirt hatte, in letzter Stunde wieder fallen ließ, — wie dagegen ein neues Werk („Paradies und Peri") in ganz ungenügender Weise zu Gehör gebracht wurde, — wie endlich die meisten kleineren Werke für Chor keinesfalls ein schmeichelhaftes Zeugniß für die Leistungsfähigkeit unseres Gesellschaftschores, oder über die Leitung desselben abgeben. Allerdings ist Herr Herbeck eine tüchtige Acquisition, geeignet Hoffnungen zu erwecken; aber wer steht dafür, daß die lähmende Gewalt der herrschenden Verhältnisse nicht auch diese Kraft paralysiren wird? Die „Singacademie" des neuen Vereines dagegen hat allerdings frische Kräfte und den gewaltigen Hebel ehrgeizigen Emporstrebens; dagegen aber vielleicht weniger Erfahrung, und muß das Vertrauen des Publikums erst erwerben. Anerkennen aber muß man, daß wenigstens irgend etwas entschieden versprochen wird: zwei reine Vocalconcerte und ein Oratorium. Was dagegen verspricht der „Singverein"? Streng genommen Nichts als das Alte! Nach wie vor verlangt die Gesellschaft der Musikfreunde von den Mitgliedern des Chors die Mitwirkung in allen Concerten, wogegen die eigentliche Aufgabe eines Gesangvereins, reine Vocalconcerte und Oratorien, ziemlich unentschieden der Zukunft und den „Verhältnissen" anheimgestellt bleibt. Wir wetten, daß, wenn die „Singacademie" nicht zu Stande kommen sollte, der „Singverein" alsbald in die „gewohnten Bahnen" einlenken wird; Herr Herbeck wird dann vielleicht abdanken und irgend ein gehorsames Individuum wird wieder die Chöre für die Gesellschaftsconcerte einstudiren. — Möchte doch unser Eulengesang recht bald vor der lauten Sprache der Thatsachen schweigen müssen! Möchten recht bald in Wien die an griechische Einfachheit und Größe erinnernden Machtklänge eines Händel, und die an die gothische Architektur mahnenden, reich-polyphonen Kunstwerke eines S. Bach ertönen; auch die alten Italiener und die Neueren, Mendelssohn, Hauptmann u. A., sollen uns erfreuen. Mag dann immer die Fluth der Zukunftsmusik hineinbrechen, sie wird einen kräftigen Damm finden, welcher ihr in der Gesinnung der Musikfreunde eine billige aber nothwendige Grenze steckt.

Ein Orgelconcert.
(1858).

Seit einer langen Reihe von Jahren hat man am 4. Juni in Wien wieder einmal wenigstens eine Art von Orgelconcert gehört. Solche sind nämlich leider bei uns als der Würde des Ortes unangemessen verpönt und verboten. So sehr wir nun auch selbst darauf halten würden, daß bei Orgelconcerten sowohl vom Spieler als vom Publikum die Würde des Ortes berücksichtigt werde, so müssen wir doch das gänzliche Nichtgestatten solcher Productionen als der Cultur des Orgelspieles, des Orgelbaues und somit auch den Zwecken der Kirche abträglich bezeichnen. Der Organist soll in der Kirche beim Gottesdienst seine Fertigkeit und seine Phantasie nur im Dienste der Kirche und ihres Wortes wirken lassen. Damit er dies aber könne, damit er den heiligen Ort und das heilige Instrument nicht durch Stümperei und kleinliche Behandlung entweihe, muß er Fertigkeit und reiche Phantasie besitzen, und diese Eigenschaften durch Fleiß steigern. Damit er dazu mehr Anregung erhalte, damit er nicht in Schlendrian verfalle, müßte er von Zeit zu Zeit die Erlaubniß erhalten, sich vor einem Kreise von Freunden und Kennern des Orgelspieles hören zu lassen, wenn auch nur entweder ganz ohne Eintrittsgeld oder für wohlthätige Zwecke — obgleich bei den jämmerlichen Gehalten hiesiger Organisten eine Einnahme für ihn wünschenswerth, und jedenfalls zweckdienlich wäre, indem er diesem Instrument dann mehr Zeit und Studium zuwenden könnte. Je mehr die Wichtigkeit des Organisten mit der Zeit erkannt werden wird, desto mehr wird man auch einsehen lernen, daß ohne tüchtige, künstlerisch geleitete Orgelschulen, ohne Aufbesserung der Gehalte, ohne entsprechende tüchtige Orgeln selbst und ohne vermehrte Gelegenheit für den Organisten, seine Fähigkeiten und seinen Fleiß durch Vortrag großartiger Orgelcompositionen darzulegen, die Zwecke der Kirche selbst nicht zu erreichen sind. In England, wo man in religiösen oder kirchlichen Dingen bekanntlich sehr streng ist, hat man dies längst eingesehen und das Orgelspiel genießt daher dort eine Pflege, wie sonst nirgends in Europa. Wenn man den Zweck will, muß man auch das Mittel wollen und man entweiht das Instrument und den Ort nicht, wenn man dieselben in außergottesdienstlichen Stunden in jeder Weise zu zweckförderlichen Vorgängen hergibt.

Das obengenannte Orgelconcert fand unter dem Titel einer „Generalprobe" vor einem größtentheils geladenen und aus den höheren und mittleren Ständen zusammengesetzten sehr zahlreichen Publikum in der Piaristenkirche statt, um, wie die Einladung sagte, „sich die Ueberzeugung schaffen zu wollen, ob die vielen und großen Liebesgaben, welche fromm-kirchlicher Sinn zu diesem gottverherrlichenden Werke in dank- und denkwürdiger Bereitwilligkeit gespendet hat, und wodurch die Deckung des größeren Theiles der Baukosten ermöglichet ward, mit gutem Erfolge verwendet worden sind, und ob es der rastlosen Thätigkeit und dem begeisterten Kunstsinne gelungen ist, eine Orgel zur Reife gebracht zu haben, welche, wie Benedict XIV. fordert, durch ihre harmonischen Töne das traurige Gemüth des Menschen erheitert, an die Freuden der himmlischen Stadt erinnert, die Trägen wecket, die Eifrigen erquicket, die Gerechten zur Liebe, die Sünder zur Zerknirschung rufet."

Die neue Orgel des Herrn Carl Friedrich Ferdinand Buckow, wurde durch die Herren Bibl sen., Sechter und Winterberger nach allen Richtungen hin vorgeführt, und erwies sich den angeführten Forderungen ganz entsprechend; nur mußte man leider die traurige Bemerkung machen, daß die acustischen Verhältnisse der Kirche der Tonentwicklung der Orgel sehr ungünstig sind. Der Chor befindet sich nämlich sehr hoch oben, im zweiten Stock, knapp unter der Decke, und ist überdies durch einen Schwibbogen von der Kirche getrennt, so daß die Orgel ganz wie in einem Sack steckt. Dadurch ist die ganze Angelegenheit eigentlich fast als eine verfehlte zu betrachten und die überraschende Wirkung der Orgel, wenn man selbst spielt, oder sich auf dem Chor befindet, macht einiger Enttäuschung Platz, wenn man unten in der Kirche, oder in der Nähe des Hochaltars zuhört. Hier konnte nur ein Radicalmittel helfen: Abreißung des bisherigen Chores und Versetzung desselben in das tiefere Stockwerk, wodurch über der Orgel der zur Tonentwicklung nöthige Raum entstanden wäre. Dazu ist es nun zu spät und ein herrliches Orgelwerk steht an einem Platze, von wo es nicht gehörig wirken kann.

Das Hauptinteresse des Concerts concentrirte sich in den Vorträgen des Herrn Winterberger, welcher ein bedeutendes Renommée als Orgelspieler mit nach Wien brachte und dasselbe auch bewährte, was Sicherheit, Gewandtheit des Spiels, Geschmack im Vortrage und Kenntniß der Registerbehandlung betrifft. Nach anderen Richtungen hin gab er zur Beurtheilung keine Veranlassung, da er kaum einen Tact improvisirte. Seine Vorträge bestanden in der Phantasie in G-moll von S. Bach (mit Weglassung der Fuge), dann der D-moll-Sonate von Mendelssohn und einem Stücke aus der „Propheten-Phantasie" von Lißt, einem Stücke, welches als Orgelcomposition, durch die fortwährenden enharmonischen und auch sonst einfach harmonischen Täuschungen, welche Lißt hier auf geistreiche Weise auftischt, allgemeines Befremden und Mißfallen hervorrief. Statt der D-moll-Sonate von Mendelssohn hätten wir lieber eine andere desselben Meisters gehört, da diese gerade an wahrhaft schöner Orgelwirkung die schwächste ist, und überdies als Sonate eine gar zu sonderbare Form hat. Dagegen entzückte die Bach'sche Phantasie durch die kühne, kolossale und doch immer klar verständliche Gestaltung des harmonischen Baues, wie auch durch die Kraft der zu Grunde liegenden Gedanken.

Um noch einmal auf die Orgel selbst zurückzukommen, so muß die Arbeit des Herrn Buckow höchlich belobt werden. An der Solidität der Arbeit bis in die kleinsten Bestandtheile dürfen sich unsere einheimischen Orgelbauer ein Muster nehmen. Da ist Alles so rein, blank und genau wie in einer Dampfmaschine. Alles spricht gehörig an; die Töne der Viola di Gamba z. B. lassen nie auf sich warten, die Zungenregister geben gleichmäßig erklingende Töne, die Koppeln verursachen keinerlei Störung während des Spieles u. s. w. Die Disposition ist trefflich und das Vorwiegen des acht- und sechzehnfüßigen Tonelementes bewirkt jenen Ernst des Klanges, der so wohlthut, gegenüber dem schreienden Charakter vieler hiesiger Orgeln, wo das vierfüßige Element und die Mixturen vorschlagen. Indem wir hier diese Disposition folgen lassen, sprechen wir noch die Hoffnung aus, daß nun, da der Anfang einmal gemacht ist, ausländische berühmte Orgelbauer in unserer Residenz mehr Berücksichtigung finden mögen als früher und daß die hiesigen sich beeilen mögen, sich der Fortschritte zu bemächtigen, welche nunmehr sonnenklar für Jeden sein werden, der sich auch nur obenhin mit dieser Sache zu beschäftigen Lust hat.

Die Orgel hat drei Manuale und Pedal (dessen Umfang von groß C bis eingestrichen d, vollständig chromatisch), 48 Register, 34 klingende Stimmen.

I. Hauptmanual. 11 Stimmen. Von durchgreifender Wirkung.			II. Mittel-Manual: Mit 8 Stimmen, gemäßigter Wirkung, ohne alle Quintenfärbung.		
Principal von Zinn	16	Fuß	Flauto fondamento, Holz	19	Fuß
Principal detto	8	"	Geigenprinzipal, Zinn	8	"
Gemshorn detto	8	"	Portunalflöte, Holz	8	"
Doppelflöte von Holz	8	"	Doppelrohrflöte, detto	8	"
Nasard von Zinn	5⅓	"	Octave, Zinn	4	"
Octave detto	4	"	Spitzflöte, detto	4	"
Gemshorn detto	4	"	Superoctave, detto	2	"
Quinte detto	2⅔	"	Mixtur, detto, 4fach	2—4	"
Superoctave detto	2	"			
Cornetti grandi detto	8	"			
Progressio 3-, 4-, 5fach	2—8	"			

III. Ober-Manual mit 6 Stimmen, zarter Wirkung und einem Tonanschwellungsapparate.

Salicional, Zinn	8	Fuß.
Viola bi Gamba, detto	8	„
Oboe (von klein C an), Zinn	8	„
Flute b'amour, Holz	8	„
Geigenprästant, Zinn	4	„
Flauto dolce, detto	4	„

VI. Pedal mit 9 Stimmen, sehr kräftig wirkend.

Basso Contra	32	Fuß.
Posaune	16	„
Principal, Zinn	16	„
Violine, Holz	16	„
Subbaß, detto	16	„
Grand Nasard, detto	10⅔	„

Octave, Zinn	8	Fuß.
Baßflöte, Holz	8	„
Superoctave, Zinn	4	„

Ferner Registerzüge sind: Pedalkoppel, Koppel der beiden unteren Manuale, Koppel der beiden Manuale. Crescendo-Tritt. 6 Sperrventile. Koppel zur Verbindung des oberen mit dem Contrapedale. Calcantenruf. Evacuant.

Die Orgel zählt somit:
1 zweiundbreißigfüßiges,
6 sechzehnfüßige,
12 achtfüßige,
7 vierfüßige,
2 zweifüßige,
6 Quint- und Mixtur-Register, — ein Verhältniß, welches ganz vorzüglich genannt werden darf.

Der Dilettantismus im Concertsaal.
(1859.)

„Erweiterung" ist die Losung unserer Tage. Alles sucht sich Raum zu schaffen, neue Bahnen zu eröffnen, die schon betretenen mit mehr Kraft und Nachdruck zu verfolgen. Die alte Vindobona streift ihre beengenden Gürtel ab; innerhalb derselben hat sich unser Kirchenmusikverein durch Thätigkeit und durch die Gunst höherer Stellen ein bequemes schönes Local zu verschaffen gewußt und trachtet nach dem Besitz einer neuen besseren Orgel. Die Gesellschaft der Musikfreunde sogar ist höheren Orts eingeschritten, um auf den Glacisgründen der Tonkunst und dem Conservatorium eine neue würdigere Stätte zu bereiten. Allenthalben regt sich's, um wahre Bildung zu verbreiten. „Volksbibliotheken" bringen die Meisterwerke unserer Dichter, „Prachtausgaben" die unserer großen Tonmeister um Spottpreise in das größere Publikum. In allen größeren Städten sucht man durch zahlreiche Aufführungen der Letzteren den Geschmack zu veredeln, die Massen zum Genuß und Verständniß ernsterer Musik heranzubilden. Bei uns ist namentlich auf dem Gebiete der Gesangsmuſik ein namhafter Aufſchwung durch Bildung zweier rivaliſirenden Chorvereine vor ſich gegangen.

Dagegen ſtockt bei uns der Fortſchritt vollſtändig auf dem Gebiete der Inſtrumentalmuſik, der Symphonie. Wer es ſich nicht mit Beſchämung ſagt, daß unſere Orcheſteraufführungen quantitativ und qualitativ weit hinter anderen Städten, wie z. B. Berlin und Leipzig, zurückſtehen, der mag vielleicht ein Mitglied der „Geſellſchaft der Muſikfreunde" ſein, ein Muſikfreund, ein eifriger Beförderer der wichtigſten muſikaliſchen Intereſſen iſt er keinesfalls. Steht es doch bei uns jetzt viel ſchlechter als vor etwa fünfzehn Jahren. Damals konnte man hier in einer einzigen Saiſon faſt alle neun Symphonien von Beethoven in theilweiſe trefflicher, theilweiſe erträglicher Aufführung hören *); jetzt braucht man dazu neun Jahre, und von Aufführungen, wie ſie eigentlich ſein müßten, wenn ſie Begeiſterung oder wahre Befriedigung erwecken ſollen, iſt nicht mehr die Rede. Unſerer Geſellſchaft der Muſikfreunde fällt es nicht ein, ihre koſtſpieligen Concerte von der kläglichen Zahl vier wegzubringen. Wie ſollte ſie es auch verſuchen! Sie hat keinen Raum, d. h. keinen Concertſaal zu beliebiger und einträglicher Verwendung; und wenn ſie ihn hätte, ſo wäre die Frage, ob der „artiſtiſche Director" Zeit erübrigte, um für eine Beſoldung von 1000 fl. C. M. mehr zu thun als jene vier Concerte, ſo wie die Zöglingsübungen zu dirigiren, und einigen Sitzungen beizuwohnen. Auch unſere übrigen Muſiker haben keine Zeit zu vielen Proben; ſie haben deren genug im Theater und müſſen fleißig Stunden geben, um ihr kärgliches Daſein zu friſten. Die Bezahlung für Concertproben iſt aber nicht derart, daß dadurch verlorene Lectionen aufgewogen würden. Die Frage: wie ſoll, wie kann dies anders und beſſer werden? mußte ſchon lange alle denkenden, wirklichen Muſikfreunde beſchäftigen. Allein auch die Beſtwollenden ſtießen allenthalben auf Hinderniſſe, von denen die Apathie unſeres Publikums und der „Geldmangel" nicht die geringſten waren.

Ein Hinderniß wird nun allerdings fallen, wenn der neue Concertſaal gebaut ſein wird. Aber wie viel Zeit wird darüber noch hin-

---

*) Es gab nämlich im Winter gewöhnlich 14 Orcheſterconcerte; 2 Philharmoniſche, 4 Spirituel-, 4 Geſellſchafts-, und 4 Zöglingsconcerte.

gehen? Und soll man bis dahin in Ruhe der gegenwärtigen Erbärmlichkeit zusehen?

Die übrigen Hindernisse bleiben aber leider auch dann bestehen, und es waren bis vor Kurzem wenig Aussichten vorhanden, daß wir **künstlerische** Orchester-Productionen, die so dringend nothwendig sind, haben werden.

Nun hat man in neuester Zeit die Frage aufgeworfen, ob nicht durch eine Vereinigung von **Dilettanten** dem Bedürfnisse abgeholfen werden könnte, und es sind sogar schon die einleitenden Schritte gemacht worden, um solche in's Leben zu rufen, es hat sich nämlich nicht allein in der Vorstadt ein solcher Verein gebildet, — auch die Gesellschaft der Musikfreunde hat eine Aufforderung ergehen lassen, die in Betreff der Streichinstrumentalisten eine zahlreiche Anmeldung zur Folge hatte. Die Sache ist wichtig genug, um unsererseits eine eingehende Erörterung der Frage zu veranlassen: **unter welchen Bedingungen man von solchen Versuchen einen wirklichen Nutzen für unsere Zustände erwarten könnte.**

Für **möglich** halten wir eine solche Abhilfe, und das Beispiel ähnlicher Institute in Deutschland, wie der „Euterpe" in Leipzig und des „Philharmonischen Vereines" in Frankfurt a. M. lehrt, daß ihnen eine gewisse Lebensfähigkeit nicht ganz abzusprechen ist, daß eine lebendige Theilnahme für Musik durch sie geweckt werden kann. Zugleich belehrt es aber auch über die Gefahren, die dem künstlerischen Ernst, der pünktlichen Genauigkeit, die bei Orchesteraufführungen von Meisterwerken so bringend noth thun, auf diesem Wege drohen.

Man darf nur einen Blick auf musicirende Dilettanten thun, um über die außerordentlich verschiedenen Grade der Bildung und des Könnens derselben Einsicht zu gewinnen. Wir unterscheiden zwei Hauptclassen, die Guten und die Schlechten, und charakterisiren dieselben mit einigen Worten. Die Einen sind ganz tüchtige, schätzenswerthe Leute; sie treiben die Musik mit Talent und Vorliebe seit ihrer Jugend, ohne dieselbe zum Gegenstand des Erwerbs gemacht zu haben. An technischer Geschicklichkeit fehlt es ihnen nicht; es sind meist Spieler von Streichinstrumenten, die durch Quartettspielen u. dgl. in Uebung sind, und sich auch im Orchester durchaus brauchbar zeigen. **Wir haben solcher Dilettanten nicht wenige, und es müßte Alles geschehen, um sich ihrer Theilnahme zu versichern.**

Dagegen die andere Classe! Die ihr Angehörenden haben wenig Talent und noch weniger Bildung, rühren zu Hause kein Instrument an, und geigen höchstens fleißig auf Kirchenchören, wo es bekanntlich nicht sehr auf Genauigkeit und Schönheit des Spieles ankommt. Man kennt sie bald am „Kratzen, Scharren und Falschgreifen." Vor solchen Mitgliedern bewahre der Himmel unsere neuentstehenden Vereine. Es ist ein ganz ander Ding um einen Dilettanten, der ein Instrument spielt, als um einen, der im Chor mitsingt. Hier kann er viel weniger verderben; eine Stimme, die unschön klingt, wird im Chore weniger auffallen, als ein Violinspieler, der in falscher Lage einsetzend eine ganze Reihe von Tönen falsch spielt, dabei mit dem Bogen nicht umzugehen weiß. Auf welche Weise man derartige schädliche Theilnehmer abhalten oder beseitigen wird, das ist die eine Schwierigkeit. Abzulegende Proben werden sich hier noch nöthiger erweisen, als bei neu eintretenden Mitgliedern der Gesangsinstitute.

Eine zweite wichtige Frage ist die **Wahl des Dirigenten**, welche nach den Statuten der Gesellschaft der Musikfreunde der Direction zusteht. Es dürfte zwar unnöthig scheinen, dieser Letzteren einen Rath anzubringen; allein bei dem Umstande, daß so manche Schritte geschehen sein sollen, um die Wahl eines **wirklich tüchtigen** Directors zu vereiteln, ist es Pflicht der Presse, die Direction zu unterstützen, damit das neue Unternehmen in gedeihliche Bahnen gelenkt werde *).

Was ein **Künstler** an der Spitze von Dilettanten leisten könne, davon geben die Aufführungen aller guten Singvereine, deren Mitglieder Dilettanten sind, Zeugniß. Wehe aber, wenn Dilettanten **von einem Dilettanten oder schwachen Musiker** geleitet werden. Es genügt zur Leitung eines Orchesters nicht, daß man Einiges von der Musik wisse, man muß ein kenntnißreicher, **begabter und begeisterter Künstler** sein, sonst wird Alles Pfuschwerk. Am natürlichsten ist es, wenn der betreffende Dirigent ein Streichinstrument vorzüglich spielt, weil dieses im Orchester das wichtigste zu sagen hat. Nicht minder entscheidend ist die Wahl eines Künstlers deswegen, weil **nur einem Solchen die besseren** Dilettanten, so wie die dem Unternehmen sich vielleicht anschließenden **Fachmusiker** gebührend Folge leisten werden. Im andern Falle

---

*) Die Wahl fiel auf den als tüchtigen Violinspieler und Musiker bekannten Prof. Häußler, Mitglied der Hofcapelle.

bleiben sie aus, und räumen den Platz jener obenbezeichneten anderen Classe, welche sich bald als unbrauchbarer Bodensatz erweisen wird.

Ueber die Richtung der Thätigkeit bleibt wenig zu sagen. Es wird von der Qualität der Beitretenden abhängen, welche Art von Musik da zu pflegen sein wird, ob blos die alte leichtere, oder auch die neue schwerere. Gute Musik aber möge es allein sein und bleiben, an welcher der Dirigent seinen neuen Körper zu üben und zu bilden hat. Man schmeichle der Eitelkeit mancher Dilettanten nicht, indem man sie langweilige, oder zierlich-nichtswürdige Solostückchen spielen läßt, wobei das Orchester Nichts lernt. Künstlern aber, und talentvollen viel versprechenden Kunstjüngern biete man die seltene Gelegenheit, ausgezeichnete Concertstücke von Meistern zu Gehör zu bringen.

Wird der neue Verein in solcher Weise organisirt, und ihm eine solide Basis gegeben, welche keine andere sein kann, als die **Bethätigung bis jetzt brachliegender Kräfte an vereintem Wirken in künstlerischer Weise und Absicht**, — dann kann er allerdings eine nur zu fühlbare Lücke auch in unseren **öffentlichen** Zuständen ausfüllen. Er wird hoffentlich Concerte geben, deren Ertrag Kunstzwecken zu Gute kommt; diese Concerte werden möglicherweise besser sein, als die gegenwärtig von Fachmusikern ausgeführten, weil ein sorgfältiges Studium vorausgehen kann, und weil wahrhaft kunsteifrige Dilettanten mit mehr Frische und Liebe zur Sache kommen. Eine lebendige Betheiligung des Publikums kann man durch billige Preise, interessante Programme und gute Aufführungen gewiß erwecken.

Ein Bedürfniß ruft immer das andere hervor. Werden wir diese Dilettantenconcerte haben, welche bei aller möglichen Vorzüglichkeit doch immer leicht den Wunsch nach größeren, künstlerisch vollkommeneren oder abgerundeteren Productionen übrig lassen könnten, so werden wir ja hoffentlich auch wieder Philharmonische Concerte bekommen, wo die Fachmusiker sich auf erfreuliche Art an den „Dilettanten" rächen werden. Somit wird dann wieder erreicht sein, wornach wir so lange vergeblich seufzen: **Eine anständige Zahl von guten Orchesterconcerten.**

II.
Beurtheilungen.

I. Bücher.

„Wer mag wohl überhaupt jetzt eine Schrift
Von mäßig klugem Inhalt lesen!
Und was das liebe junge Volk betrifft,
Das ist noch nie so naseweis gewesen."

M. Hauptmann's: „Die Natur der Harmonik und Metrik" (1856).

I.

„Grau, theurer Freund, ist alle Theorie, und grün des Lebens gold'ner Baum!" Dieses Wort des Dichters ist zum Lieblingsspruche Jener geworden, welche vom „Wissen" in der Kunst entweder aus Bequemlichkeit, oder aus falscher Auffassung des Zweckes, oder aus Unwillen gegen die Unvollkommenheit der Theorien nichts wissen wollen. Zwar der Satz ist in letzter Instanz vollkommen richtig. Eine Theorie, die sich nicht in Demuth vor der Oberhoheit des schöpferischen Genius beugen würde, wäre zu Nichts gut, für Vieles schlecht, und — so lange es auch gebraucht hat — unter ästhetisch gebildeten Musikern und Kunstfreunden ist darüber kein Streit mehr. Indessen wird trotzdem die Theorie alle Zeit bestehen, und kein Vernünftiger wird den Nutzen läugnen, den sie der Kunst bringen kann, wofern sie eben in Demuth, nicht in stolzer Anmaßung einhertritt. Jene Demuth besteht in der Anerkennung einiger Wahrheiten, gegen welche manche sonst tüchtige Lehrer sich hartnäckig sträuben, und die wir in Folgendem aufstellen: 1. Die Theorie ist unfähig zur musikalisch-poetischen Erfindung, d. i. zur wirklichen Composition. 2. Sie folgt der schöpferischen Kraft erklärend und rechtfertigend, zuweilen auch im Einklang mit der Aesthetik verwerfend; — aber sie geht ihr nie zeugend, höchstens anregend voraus. 3. Sie kann nur als ein Versuch betrachtet werden, das in der menschlichen Natur liegende Gesetz in Worte und Regeln zu fassen. — Wir bemerken noch erläuternd zu 1.: Man wird sich nicht zu tief in die schwer zu entscheidende Frage einzulassen brauchen, ob die schöpferische Kraft angeboren sei, oder sich in jedem Menschen unter gegebenen Umständen entwickle, um sich durch das Gewicht von Thatsachen zu der Annahme hingezogen zu fühlen, daß Beides zugleich entscheidend einwirke. Wir können uns weder Mozart als Sohn einer ganz unmusikalischen Familie denken, noch können wir annehmen, daß Beethoven oder Mendelssohn das geworden wären, was sie für die Kunst wurden, wenn sie in frühester Jugend auf eine wüste Insel oder in eine kleine Stadt bleibend versetzt worden wären, wo ihrer musikalischen Anlage nicht die entsprechende Nahrung zugekommen wäre. Wie dem nun sei, so viel scheint uns gewiß, daß die abstracte Theorie ohne sinnlich lebendige Eindrücke und Anregungen niemals (eher die Letzteren ohne Erstere) die Phantasie und den Gedanken fördern werde. Bei dem wirklichen Compositionstalent ist die Gabe des freien (wenn auch noch regellosen) Phantasirens schon vorhanden, ehe es noch irgend etwas weiß. Das Machen kann die Theorie wohl im Jünger erringen, — allein das Gemachte ist eben ein Anderes als das sich frei und bringend von selbst Einstellende. Es kann Jemand einen Canon, oder auch eine Fuge nach Regeln mühsam zusammenleimen, — bei der Sonate wird es schon nicht mehr gehen wollen; und ginge es auch, solch' eine Fuge oder Sonate würde sich bald als eine unechte Geburt erkennen lassen, denn Pegasus unter den Peitschenhieben des Pächters Hans wird immer eine andere Physiognomie haben, als Pegasus unter den Händen des Götterjünglings. — Zu 2. Für diesen Satz spricht jede Erfahrung und wer die Augen nicht absichtlich verschließt, sieht, daß große Componisten sich weit über alle beengenden Schranken und Regeln der eben herrschenden Theorie hinwegsetzten*). Und doch waren sie in diesen Theorien aufgewachsen! Dies ist eben der Gang der Natur, die man nicht schmähen darf, und des Genius insbesondere; — so kennt das Thier seine Eltern nicht mehr, sobald es

---

*) Freilich aber nicht über die Natur und die innere Wahrheit.

ihrer nicht mehr bedarf, — so reißt sich der Knabe vom väterlichen Hause, um selbstständig zu sein, so flieht der Jünger den Meister, sobald ihm dort die Luft zu drückend wird. Das neue Kunstwerk wird daher oft Prinzipien zur Geltung bringen, die vorher nicht galten; und so wird die Theorie immer erst später sich selbst corrigiren oder ergänzen, obwohl das Naturgesetz immer dasselbe war. Zu 3. Der Buchstabe des Gesetzes ist in allen Dingen Etwas, womit man im Einzelfall nicht ausreicht, Regeln können nicht so viel sein als Fälle, und da der einzelne Fall selten ein einfacher, häufiger ein complicirter ist, so muß immer mehr der Geist des Gesetzes als der Buchstabe in Betracht gezogen werden. Es ist ein vergebliches Bemühen in einer freien Kunst erschöpfende Regeln aufstellen zu wollen: und wäre es möglich, so würden sie entweder verlacht, oder sie raubten der Kunst den ureigensten Boden.

Haben wir in dem Vorstehenden den Grenzpunkt aufgestellt, über welchen hinüber, unserer Meinung nach, die Theorie sich nicht wagen kann und darf, so wollen wir andererseits auch in Kürze das bezeichnen, was in ihren Wirkungskreis fällt und was sie mit gutem Recht als ihre Aufgabe bezeichnen darf; und zwar finden wir das Verlangen nach gründlich theoretischer Unterweisung begründet sowohl 1. von Seite der jungen productiven Talente wie 2. von Seite der Musiktreibenden und Musiker ohne entschiedenen Compositionsberuf.

Die Ersteren werden gern und mit Nutzen in die Tiefen der Abstraction Blicke werfen, denn das „Warum" wird ihnen keine Ruhe lassen und selbst während des Componirens werden sie öfters bei Einzelheiten schwankend und zweifelhaft sein, ob dies oder jenes das bessere sei. (Desto glücklicher ist das Talent oder vielmehr Genie zu preisen, dessen kühnere vorwärts bringende Natur den sich schürzenden gordischen Knoten jedesmal kräftig durchhaut und sich von all' den verwirrenden und quälenden Koboldstimmen, die es rechts, links und von hinten anbellen, nicht irre machen läßt. Diese Kobolde sind oft Niemand Geringeres als die lieben Regeln selbst, die dem Strebenden zum Schutz mit auf den Weg gegeben werden.)

Nun ist aber die Thätigkeit des Componisten eine vielgestaltige. Er hat nicht blos Motive, Themas u. s. w. zu erfinden, — er muß das Erfundene zum Kunstwerk gestalten, es in allgemein giltiger

Weise zu Papier bringen, es nach Erforderniß für viele verschiedenartige Stimmen oder Instrumente auseinanderseßen, es selbst beurtheilen und demnach zu vervollkommnen oder zu verwerfen vermögen. Er bedarf deshalb sowohl der kunsttheoretischen wie auch der ästhetischen Urtheilskraft, des feinen Geschmacks *). Diese erlangt er nur durch tüchtiges Studium der Meister, und um diese zu verstehen, als Musiker zu verstehen, braucht er Kenntnisse und ein sicheres Bewußtsein und Gefühl der musikalischen Gesetze, um an den Kunstwerken das ewig Giltige herauszufinden, und nicht durch die Verschiedenheiten der äußeren Erscheinung irre zu werden. Dazu soll und kann ihm die Theorie behilflich sein, und sie wird es, wenn sie nicht halsstarrig an ihren Buchstaben haftet, nicht über der Regel das Schöne, Wohlklingende vernachlässigt, nicht die Individualität durch Gängelbande fesselt und erstickt. „Nicht das Irren ist gefährlich, aber der Irrthum."

Anders gestaltet sich die Aufgabe gegenüber der zweiten Gattung Schüler. Nicht das schon längst im Gefühl Erkannte und Erfaßte nutzbar zu machen, zur That zu gestalten, — sondern das Erkennen und Erfassen erst herbeizuführen, ist hier der Zweck des theoretischen Studiums, und deshalb darf es sich hier breiter entwickeln, länger verweilen, um seinen Zweck zu erreichen. Es ist hier nicht der Ort ausführlich einzugehen in die Consequenzen dieses Unterschiedes, — es galt blos den Nutzen und das Bedürfniß der Theorie nach ihrer doppelten Aufgabe zu constatiren; — indessen wissen wir, daß wir gerade ob dieses Unterschiedes uns im Widerspruch mit der Auffassung Mancher befinden, welche die producirende Phantasie mit der mechanischen Schreibfertigkeit verwechselt oder gar ausdrücklich Beide für Eines erklären. Es gibt nämlich auch auf dem Felde der Composition reine Mechaniker, die denn so ziemlich auf einer Linie mit jenen Mechanikern der ausübenden Kunst stehen, denen die Fertigkeit Alles ist, und die ihr zu Liebe ohne Bedenken Geist, Gemüth, Phantasie unterdrücken. Der Ausbreitung solcher materialistischen Anschauungen entgegen zu wirken ist die Absicht dieser Zeilen, und wir berufen uns dabei auf eine Autorität, deren richtiges Urtheil durch Thaten verbürgt ist und welche das in der That seltene Schauspiel tiefer Gelehr-

---

*) Eine Compositionslehre, die auf ästhetische Forderungen keine Rücksicht nähme und diese Seite der zu weckenden Urtheilskraft geradezu unterdrückte, wäre daher Alles, — nur keine Compositionslehre.

samkeit verbunden mit poetischer Ausübung barbietet. Es ist dies M. Hauptmann, dessen Compositionen durchaus das Gepräge einer echten, ästhetisch durchgebildeten Künstlernatur an sich tragen *). Derselbe spricht sich in der Einleitung zu seinem Buch: „Die Natur der Harmonik und Metrik" über jene Puncte aus, wie folgt:

„Für die künstlerische Werkthätigkeit ist das theoretische Wissen und Verstehen der inneren endlich-unendlichen Einheit, des Grundwesens der Erscheinung mit seinen verständigen Unterscheidungsmomenten, kein nothwendiges Erforderniß; wie es überhaupt die Wissenschaft nicht ist für die Kunst und ihr Gedeihen."

„Ein theoretisches Bewußtsein ist im Acte der poetischen Production, die im Gefühle wurzelt und in innerer Lust schafft und bildet, selbst nicht denkbar."

„Aber nicht jenes abstract theoretische nur, auch das kunsttheoretische Bewußtsein ist bei diesem Acte ausgeschlossen."

„Man nennt das musikalische wie das malerische Kunstproduct „Composition." — Der Künstler componirt, er setzt zusammen, Töne oder Farben, er componirt nach einem inneren Bilde ein äußeres, daß es mit jenem übereinstimme, das in seiner Wirkung auch jenes wieder in unserem Inneren entstehen lassen kann. Durch das innere Bild wird die Wahl der Töne und Farben geleitet und bestimmt, daß ihr Zusammenwirken diesem möglichst entspreche. Es ist vom Künstler nicht Rechenschaft zu verlangen über die Natur der Mittel zu seiner Darstellung, auch nicht über die Natur des inneren Bildes selbst; — wenn aber dieses ein harmonisch gefühltes Ganze ist, so werden auch nur harmonisch gefügte Klang- und Farbentöne es im Aeußern darstellen und uns versinnlichend mittheilen können. Dem sinnigen Inneren kann nur ein sinniges Aeußere entsprechen, und zu diesem wird das Einzelne sich so zu einem Ganzen fügen und verbinden müssen, wie es aus ihm selbst hervorgegangen sein würde. Nur wie etwas aus der Einheit geworden, kann es wieder Einheit werden, und nur als diese kann etwas als Gefühl und Gedanke uns ansprechen."

„Der Musikunkundige wird auf der ihm unbekannten Claviatur die Töne eines Accordes oder einer Melodie, wie er das eine oder andere im Sinn hat, zusammenfinden können, ohne von der harmonischen Bedeutung dieser Töne das Geringste zu wissen. Der Musiker kennt Töne und Accorde, weiß deren harmonische Bedeutung, kennt Regeln für Harmonie und Melodie, für Metrum und Rhythmus, für musikalische Gestaltung in jedem Sinne; das ist es aber alles immer nicht, was ihn bei der poetischen Production leitet und ihn den rechten Ausdruck seiner Gedanken finden läßt, es ist ebenso wie bei dem Musikunkundigen, der seinen Accord oder seine Melodie sich aus den Tönen des Claviers zusammensucht, das Verlangen, mit einem innerlich Gefühlten das äußerlich Dargestellte übereinstimmend zu machen, daß es jenes selbst werde."

„Die kunsttheoretische Kenntniß wird der technischen Befähigung Hilfe leisten können, überhaupt dem Künstler erst die Durchbildung verleihen, die ihn zum

---

*) Wir erinnern an die schönen innigen und sinnigen Lieder, Vocalquartette, Motetten und Sonaten dieses Meisters.

Meister macht; bei der Production selbst hat sie unmittelbar keinen Antheil. — An das Wissen wird der Künstler wenigstens nur dann erst sich wenden, wenn das unmittelbare Können ihn verläßt, wenn das Rechte sich nicht mehr ungesucht einstellen will und wenn er über die eigene Unklarheit Klarheit suchen muß."

„Das sind nicht die glücklichsten Momente des Producirens und der Production; sie stellen sich aber ein, — dem Nichtwissenden zur Verzweiflung am Gelingen, dem Wissenden zum Nachdenken und zu bewußter Ausmittelung des Gesuchten."

„Auch hier wird das technische Wissen der Ausübung näher stehen, unmittelbarer in sie eingreifen, als das allgemeine oder das Wissen des Allgemeinen: die Regel wird früher zu Rathe gezogen werden als das Gesetz. Das Wissen des Gesetzes wird aber in gleicher Weise dem technischen Wissen Klarheit und Sicherheit verleihen können, wie dieses der praktischen Ausübung zu Hilfe kommt."

II.

Die fortwährende Entwicklung der Tonkunst äußert sich nicht allein in der veränderten ästhetischen Anschauung, die den Werken der verschiedenen Zeitabschnitte zu Grunde liegt, — oder in den Veränderungen und Erweiterungen der Formen, -- sondern auch ganz besonders in der Ausbildung und Verwendung der melodischen und harmonischen Mittel. Welch' großer Unterschied z. B. zwischen der Palästrina'schen Musik, die, im Grunde auf den Dreiklang und Sextaccord beschränkt, ihre kräftige fremdartige Wirkung hauptsächlich durch die seltsame Verkettung von reinen Dreiklängen hervorbringt, die nach unseren heutigen Begriffen oft zusammenhanglos erscheinen; — und dem lebendigen Tonspiele S. Bach's, in welchem die Septimen-Harmonien und Vorhalte aller Art in ihrer fortwährenden Verkettung noch überdies durch eine große Menge freier Durchgänge verhüllt erscheinen, die dem Laien, dessen Ohr nicht schnell genug folgen und auffassen kann, öfters hart vorkommen. Welch' ein Unterschied wieder zwischen Bach's strenger Diatonik und Mozart's reinlicher Chromatik einerseits und den wirbelnden Tonmassen, Manchem fast Entsetzen erregenden chromatisch-enharmonischen Durchgängen ganzer Accorde, die man bei Chopin, Berlioz, R. Wagner und Andern antrifft. Die Frage: inwiefern die häufige Benützung der uns am äußersten Ende der Kunst zu liegen scheinenden Mittel zum Heil oder Unheil der Musik führen werde, wird erst von einer späteren Zeit entgiltig entschieden werden können. Unserer Meinung nach wird zwar manches Musikwerk der Jetztzeit aus ästhetischen Gründen sich nicht erhalten, — aber der Gewinn für die Tonkunst wird bei der Erwägung gesichert erscheinen, daß die Ausbildung der Mittel dem wahren Genius zu Statten kommt, unter dessen reinen Händen sich auch die Extreme zu ästhetischen Gebilden formen. So erkennen wir schon jetzt in vielen Werken R. Schumann's die geistreichen, aber oft des ästhetischen Schliffes entbehrenden Erfindungen eines Chopin und Berlioz wieder, und was uns dort zu viel war, erscheint uns hier willkommen, weil veredelt und von dem Hauche wahrer Poesie durchweht.

Die Theorie und Compositionslehre kann hierin weder Einhalt gebieten, noch die Initiative ergreifen — sie ist zu vergleichen dem Anker, der bei mäßig bewegter See gute Dienste thut, aber weder vorwärts bringt, noch bei heftigem Sturm das Schiff zu halten vermag. Vielmehr macht sich Alles durch die Richtungen, in welche die Kunst durch die starke Hand bevorzugter Geister getrieben wird, und durch die Kämpfe dieser Richtungen mit dem allgemeinen Geist der Zeit.

Dagegen gehört es, wie wir schon in dem vorigen Artikel entwickelt haben, zu der Aufgabe der Musikwissenschaft (welche wieder ein Zweig der Compositionslehre ist), die verschiedenen Gestaltungen, die die Zeit mit sich bringt, zu erklären. Man sollte meinen, mit dem wirklich Falschen, d. i. absolut Uebelklingenden, hätte sie dabei wenig zu thun; dieses falle von selbst zusammen, das gesunde Gefühl der Menschennatur ließe es nicht aufkommen. Aber die Frage, was in der Musik oder im Tonsatz correct oder incorrect sei (besonders gegenüber der im Allgemeinen als richtig erkannten Regel) ist nicht so leicht zu beantworten, als es Manchem scheinen mag. Es ist leicht gesagt: „Correct ist was gut klingt!" Was klingt denn gut? Schärfe des Ohrs, ja Gewohnheit und Bildungsgang sind hier Factoren, deren Einwirkung oft die seltsamsten Verschiedenheiten des Urtheils zu Tage fördert; der an seine Musik gewöhnte Italiener (manchmal leider auch der an italienische Musik gewöhnte Deutsche) hält sich die Ohren zu bei Bach's kühn verschlungenen Dissonanzen, während der gute deutsche Musiker dieselben ganz natürlich findet, und dagegen einen Abscheu hat vor den Donizetti'schen und Verdi'schen Melodien, nicht allein wegen des Mangels an idealem und charakteristischem Gehalt, sondern schon wegen der Masse von langen Vorschlägen, die seinem Ohr wehe thun. Ebenso findet der Mozartianer Schumann oft dissonirend, unnatürlich, verworren, während der Schumannianer sich freudig versenkt in diese ihn mächtig ansprechenden Tiefen phantasiereicher Harmonien, die für ihn gar nichts Unnatürliches haben. Man sieht, das Ohr des

Menschen ist verschiedener Bildung fähig, und das Urtheil von da aus kein gleiches bei Jedem und eben so schwer als es ist, vom menschlich beschränkten Standpunkt den Menschen zu beurtheilen, ist es auch für den Dilettanten oder Laien in der Musik ein treffendes Urtheil über diese abzugeben, wenn es auf Subtilitäten ankommt. In der That muß man bei der Musik oft weiter hinein hören können, als für den ersten Augenblick Vielen gegeben ist, und nur wer das Innere schauen, d. i. den inneren Zusammenhang der Harmonie hören kann, wird auch über das Aeußere sich klar machen können. Und so haben sich denn alle Zeit Theoretiker bemüht dem Wesen der Musik auf den Grund zu kommen, und wenn es ihnen auch nur immer so weit gelang, als ihre Zeit, Verhältnisse und Standpunkte erlaubten, so sind ihre Bemühungen deshalb doch nicht geringzuachten, da sie dem praktischen Musiker durch ihre Arbeit das Erfassen von Unterschieden möglich und leicht machen, wo derselbe ohne eine Anleitung und aus Mangel an Zeit und vorgeübter Denkkraft nur immer verwirrter werden müßte.

Die Tonleitern als Resultate der jeweiligen Tonartsysteme, und als Grundlage der Melodie und Harmonie haben an sich schon merkwürdige Entwicklungsprozesse durchgemacht, die vielfachen Stoff zu interessanten Untersuchungen abgeben. Die alten Kirchentöne gingen zwar in unserem Dur- und Moll-Geschlecht auf, allein hie und da tauchen sie doch noch selbst in modernen Stücken auf. So die lydische Tonart, die im A-moll-Quartett von Beethoven zuletzt ausdrücklich benutzt ist und seither vielfach unbewußte Anwendung gefunden hat, so daß die Erhöhung der vierten Stufe ebenso typisch zu werden scheint, wie die Erniedrigung der sechsten Stufe in Dur und die der zweiten in Moll.

So auch sind in Betreff der Dissonanz bedeutend freiere Behandlungsweisen nach und nach gang und gäbe geworden, ja bei neueren Componisten findet man oft und mit besonderer Vorliebe eine Auflösungsart, die gleichsam das Gegentheil der gewöhnlichen ist, indem der untere Ton des Septintervalles steigt, während der obere liegen bleibt, ohne sich durch späteres Herabgehen als Vorhalt zu erweisen; oder indem die Sept geradezu steigt, wie schon Beethoven öfters mit bedeutender Wirkung gethan (z. B. C-dur-Quartett Op. 59, im ersten Allegro, Tact 12—13). So wenig nun solche Fälle, wenn sie auch noch so oft vorkommen, im Stande sind, die frühere Regel zu einer geradezu falschen zu stempeln, so ist es doch gewiß Aufgabe der Compositionslehre, diesen Fällen eine möglichst **einfache** Erklärung zu geben; am wenigsten darf sie dieselben als regelwidrige Auswüchse bezeichnen. Die Fundamentaltheorie, wie sie von Kirnberger aufgestellt und von Anderen mit unläugbarem Scharfsinne weiter ausgebildet worden ist, zeigt sich hier nicht mehr ganz ausreichend; denn es tritt bei der Erklärung solcher ihrem Grundgesetze widersprechenden Fälle ein den Lernenden nur verwirrendes Hin- und Herrechnen ein, ein Conflict der Regel mit der That des Componisten (der doch nichts Unvernünftiges gewollt haben kann), wobei das Urtheil leicht entweder zum Nachtheil der Regel oder des Componisten ausfällt, je nachdem man mehr der Regel, oder dem Ohr und dem Genius des schaffenden Meisters Glauben zu schenken geneigt ist. Ein derartig genährtes Mißtrauen gegen das Eine oder Andere ist vom Uebel und es muß dem denkenden Lehrer daran gelegen sein es zu beseitigen. In dieser Rücksicht hat uns das Hauptmann'sche Werk hohes Interesse eingeflößt und wir müssen unsere vollste Hochachtung aussprechen über die höchst geistreiche Weise, in welcher derselbe einerseits die Fundamentaltheorie in Vielem zwar bestätigt, andererseits aber ihr eine solche Richtung und Erweiterung gibt, daß harmonische Bildungen, die der bisherigen Regel nach als abnorm erschienen, nunmehr als normal bezeichnet werden können.

Es ist sehr schade, daß Hauptmann zu seiner Darstellung einer Form bedurfte, die das vortreffliche Werk für Viele unzugänglich macht. Wir hoffen aber, daß Hauptmann bald eine populäre Harmonielehre oder doch wenigstens die in der Vorrede seines Buches versprochenen Notenbeispiele herausgeben werde, die das Eindringen in sein Werk erleichtern dürften. Bis dahin werden wir bemüht sein, den Theil unserer Leser, der sich für theoretische Untersuchungen interessirt, mit Manchem bekannt zu machen, was in Hauptmann's Buche von unmittelbar musikalischem Interesse ist. Vorher wollen wir noch einige Stellen aus der Einleitung herausheben, welche auf die in diesem Artikel berührten Gegenstände Bezug haben.

„Der Inhalt dieses Buches kommt mit keiner praktischen Compositionslehre wesentlich in Collision, sofern diese nicht Unrichtiges lehrt. Noch weniger aber darf er mit dem collidiren, was dem gesunden Menschensinne musikalisch gesund und natürlich erscheint, mit dem, was wir, wenn auch nicht immer und überall in den Regeln der Lehrbücher für die Composition, doch in den gesunden Compositionen selbst immer und überall wiederfinden."

„Die Musik ist in ihrem Ausdruck allgemein verständlich. Sie ist es nicht für den Musiker allein, sie ist es für den menschlichen Gemeinsinn. Auch ist die Musik nicht von grundverschiedener Beschaffenheit im Volkslied und in der Bach'schen Fuge oder Beethoven'schen Symphonie. Wenn der Inhalt des complicirteren Kunstwerkes sein Verständniß erschweren kann, so sind es doch immer dieselben im Einzelnen allgemein verständlichen Ausdrucksmittel, durch welche das größte, wie das kleinste Musikstück zu uns spricht, in einer Sprache sich uns mittheilt, zu der wir die Worte und die Grammatik nicht erst zu lernen nöthig haben. Der Dreiklang ist für den Ungebildeten, wie für den Gebildeten consonant; die Dissonanz bedarf für den Nichtmusiker wie für den Musiker einer Auflösung; die Discordanz ist für jedes Ohr etwas Sinnloses."

„Was musikalisch unzulässig ist, das ist es nicht aus dem Grunde, weil es einer vom Musiker bestimmten Regel entgegen, sondern weil es einem, dem Musiker vom Menschen gegebenen, natürlichen Gesetze zuwider, weil es logisch unwahr, von innerem Widerspruche ist. Der musikalische Fehler ist ein logischer Fehler, ein Fehler für den allgemeinen Menschensinn, nicht für einen musikalischen Sinn insbesondere. Die Regeln des musikalischen Satzes auf ihre wesentliche Bedeutung zurückgeführt, sind nur die Regeln für das gemein Verständliche überhaupt und sind in dieser Bedeutung von einem Jeden zu fassen, da sie nur Allbekanntes in ihm ansprechen."

„Der Begriff eines künstlichen Tonsystemes ist ein durchaus nichtiger. Die Musiker haben ebensowig Intervalle bestimmen und ein Tonsystem erfinden können, als die Sprachgelehrten die Worte der Sprache, mit der sie sprechen, und die Satzfügung, in der sie die Satzfügung erklären, erfunden haben: sie sprechen mit der Sprache, die der allgemeine Menschensinn macht. Wie aber die Rede nicht in zusammengesetzten Worten, sondern in auseinandergesetzten besteht, die im Gedanken Eins sind, so ist auch der musikalische Ausdruck, der sich in Folge und Zusammenklang in Tönen auseinander setzt, nur Eines im Inhalt des auszusprechenden musikalischen Gedankens: seine Einzelmomente sind nur Glieder einer organischen Einheit. Von conventionellen Bestimmungen für Accorde, für die Einrichtung einer Tonart oder Tonleiter, von willkürlichen Veränderungen, Erhöhungen und Vertiefungen der natürlich gegebenen Tonstufen kann, wiewohl man solches von sonst verständigen Leuten oft sagen hört, vernünftiger Weise doch immer keine Rede sein."

„Was nicht auf allgemeiner, überall giltiger Bestimmung beruht, könnte nicht überall und allgemein verstanden werden."

„Das musikalisch Richtige, Correcte, spricht uns menschlich verständlich an."

„Das Fehlerhafte spricht uns nicht als Ausdruck für etwas Fehlerhaftes an, sondern es spricht uns eben gar nicht an, es findet keinen Anklang in unserem Innern. Wir können es nicht verstehen, denn es hat keinen verständlichen Sinn. Könnte das Incorrecte Ausdruck sein für das Fehlerhafte, für das Böse, das Häßliche, so würde es nicht ausgeschlossen werden müssen von den Mitteln ästhetischer Darstellung. So wenig aber der Maler durch absichtliche Verzeichnung wird einer künstlerischen Intention nachkommen wollen, ebenso wenig wird der Musiker das Incorrecte zum Zweck charakteristischer Darstellung anwenden können; wie die

Anecdote von einem Componisten erzählt, der die Worte: „Da ist Keiner unter uns, der Gutes thue." durch eine Reihe von Quintparallelen passend auszudrücken geglaubt hat. Hier ist es nur allein der Componist, der nichts Gutes thut, jede Quint für sich thut ganz was sie soll."

„Die Richtigkeit, die Correctheit des Satzes ist die Bedingung, unter der überhaupt erst ein Sinn ausgesprochen werden kann."

III.

Im vorigen Artikel haben wir unseren Lesern versprochen Dasjenige zusammenzustellen, was einen beiläufigen Begriff von der Hauptmann'schen Theorie geben kann. Es wird sich hierbei weniger um die Methode beim Unterricht handeln, da Hauptmanns Verfahren aus seinem Werk, das sich nicht als Lehrbuch, sondern als eine Naturlehre der Musik ankündigt, sich eben auch nicht entschieden erkennen läßt, — Betrachtungen dieser Art ließen sich füglicher an Werke von Marx oder Lobe anknüpfen, — vielmehr wollen hier vorzugsweise einige rein musikwissenschaftliche Fragen behandelt sein, und es könnte eine über dieselben von verschiedenen Seiten geführte Polemik vielleicht ein besseres Einverständniß unter den Lehrern dieses Faches herbeiführen, welches dann auch für die Lernenden ersprießlich werden würde. Wir glauben, daß man von einer Theorie mit vollem Recht verlangen dürfe, daß sie nicht ausschließlich einer früheren vorübergegangenen Praxis entspreche, sondern daß sie auch der gegenwärtig herrschenden Rechnung trage; und wir möchten um so entschiedener solches ausgesprochen haben, als wir öfters die Erfahrung gemacht haben, daß Compositionsjünger sich mit allem Fleiß, aller Mühe in ein theoretisches System hineingearbeitet, vielleicht gar den praktischen Betrieb der Musik, das Selbstschaffen, genaue Bekanntmachung mit guten Werken verschiedener Schulen darüber vernachlässigt haben, und dann, nachdem sie die schönsten Jahre damit zugebracht, zu spät inne wurden, daß in der wirklichen Musik, wie sie jetzt ist, Vieles ganz anders aussieht als in der Theorie, die sie mit Aufwand aller Kräfte sich angeeignet haben, — daß die musikalischen Mittel, deren sich die besten neueren Tonsetzer bedienen, großentheils andere sind, als die, welche ihnen gelehrt und empfohlen worden waren.

Wir theilen nun die Grundzüge des Hauptmann'schen Werkes mit, so gut sich dieses in dem beschränkten Raum eines Zeitungsartikels thun läßt. Wer sich genauer mit der Philosophie der musikalischen Theorie bekannt machen will, der möge das Buch selbst in die Hand nehmen.

Nachdem Hauptmann gleich anfänglich jedes theoretische System verworfen hat, das sich auf die Aliquottöne oder auf arithmetische Messungen zu begründen vermeint, und nachgewiesen hat, daß die consequenter Weise aus denselben zu ziehenden Folgerungen ganz Anderes resultiren, als das, was eben unsere wirkliche praktische Musik ist, — stellt er den Bildungsprozeß des einzelnen Tons, dann des Dreiklangs, der Tonart u. s. w. in einer Weise dar, daß ein einziges Prinzip sich in allen Bildungen erkennen läßt.

„Für den Eingang wird es nur erforderlich sein, von dem Begriffe des Bildungsprozesses in seiner Ganzheit, in der Einheit seiner drei Momente, die wir in erster Aeußerung als die Intervale der Octav, Quint und Terz kennen lernen, eine innerliche Vorstellung zu gewinnen, von dem Begriffe, der überall derselbe ist und bleibt, in jeder Bildung und Umbildung: dem, daß etwas, das für die Anschauung erst in unmittelbarer Totalität (Octav) besteht, in seinen Gegensatz mit sich (Quint) auseinander trete, und dieser Gegensatz sich wieder aufhebe, um das Ganze als Eins mit seinem Gegensatze (Terz) als in sich vermitteltes Ganze wieder hervorgehen zu lassen." — —

„Nachdem der Dreiklang in seinen drei Momenten sich zu einem gegliederten Ganzen gestaltet, ist er eben wieder Einheit geworden, und tritt mit seiner Ganzheit in die Bedeutung der Octav. Diese hat sich von Neuem in ihrer Quint zu entzweien, in ihrer Terz zu einer concreten Einheit höherer Ordnung wieder herzustellen."

„Der Quintbegriff für die Octaveinheit des Dreiklangs wird wieder darin bestehen, daß dieser sich in sich selbst entzweie, in entgegengesetzte Bestimmung zu sich trete: dies geschieht durch zwei andere Dreiklänge, dem der Unterdominant und dem der Oberdominant, von denen der erste den Grundton des gegebenen als Quint, der andere dessen Quint als Grundton enthält."

Man wird nunmehr leicht errathen, wo Hauptmann hinausgeht: durch das Zusammenfassen jener drei Dreiklänge entsteht die Durtonart: F a C e G h D, und in noch höherer Ordnung eine tonische Haupttonart mit ihren Nebentonarten:

— — B d F a C e G h D fis A — — ,

welches System sich in's Unendliche nach beiden Seiten fortbilden, und wobei immer eine Tonart als Mitte sich bestimmen kann.

So Dur. Anders verhält es sich mit Moll. Der Molldreiklang kommt zwar im System der Durtonart in einer secundären Bedeutung vor: F a C e G h D; allein er kann sich in so gearteter Reihenfolge nicht als Tonica eines Systems festsetzen. Der Mollaccord in diesem Sinne ist nun nach Hauptmann das Entgegengesetzte eines Duraccords. Wenn der Grundton eines Durdreiklangs eine Quint und Terz hat, so kann man bei dem Molldreiklang sagen, daß derselbe Ton Quint und Terz sei:
$$\begin{matrix} G & C \\ e & /as \\ C & F. \end{matrix}$$

„In dieser passiven Natur, und indem der Molldreiklang, zwar nicht seinen realen, aber seinen zur Einheit bestimmten Ausgangspunkt in der Höhe hat und sich an diesem nach der Tiefe bildet, ist in ihm nicht aufwärts treibende Kraft, sondern herabziehende Schwere, Abhängigkeit, im wörtlichen wie im figürlichen Sinne des Ausdruckes ausgesprochen. Wie in den sinkenden Zweigen der Trauerweide, gegen den strebenden Lebensbaum, finden wir darum auch im Mollaccorde den Ausdruck der Trauer wieder."

„Der Mollaccord, als geläugneter Duraccord, wird daher diesen selbst, dessen Negation er ist, erst wirklich voraussetzen müssen. — — — Es kann aber das Moment der Negation als Hauptbestimmung gesetzt werden; das ist hier als Tonica, als Mitte eines Tonartsystemes, dessen Oberdominant sodann in einem Duraccorde, dem positiv vorausgesetzten, die Unterdominant in einem Mollaccorde bestehen wird; denn es ist in der negativen Production, wo die Dreiklangsbestimmung von der Quint ausgeht, der Mollaccord Anfang einer nach der Unterdominantseite unendlich sich fortsetzenden Molldreiklangsreihe, wie die positive, in welcher die Dreiklangsbestimmung vom Grundtone ausgeht, nach der Oberdominantseite in unendlicher Durreihe sich fortsetzte."

Was wir bisher aus Hauptmann mittheilten, enthält blos eine wissenschaftliche Erklärung von schon bekannten Dingen. Wir mußten es aber mittheilen, weil in ihm der Schlüssel liegt für das meiste nun Folgende, was weniger bekannt, und auch von den Theoretikern weniger beachtet worden sein dürfte.

Manche Theoretiker pflegen das, was nicht rein diatonisch (d. i. aus den sieben sogenannten leitereigenen Tönen gebildet) ist, ohne Weiteres unter das Modulatorische oder Chromatische einzureihen, und demgemäß erst unter diesem Titel zu erklären; d. h. nachdem der Schüler in der Diatonik vollkommen bewandert ist, oder mit anderen Worten, nachdem er eine Masse spröden fast unbrauch-

heit gewöhnt hat. Die Ansicht Hauptmann's, wie sie aus seinem Buche hervorgeht, scheint uns die richtigere, und zwar besteht sie darin, daß manche Töne und Accorde, die nach bisherigen Begriffen nicht streng diatonisch sind, noch nicht chromatisch genannt werden können, — wohl auch deshalb nicht, weil sie das eigenthümlich "Aufregende, Gewaltsame," welches die Chromatik hat, keineswegs besitzen. Wir möchten noch Folgendes beifügen:

Man kann leicht aus dem kleinsten Musikstück, das sich auch nur einigermaßen über die einfachste Bänkelsängerei erhebt, entnehmen, daß man heut zu Tage, ohne allzu naiv zu erscheinen, mit der reinen Diatonik nicht mehr wohl ausreicht. Selbst im Volkslied, im Ländler, in jeglicher Art von Tänzen wird man mehr Undiatonisches finden, als man vielleicht glauben möchte. Die Kirchenmusik, der Choral mögen in strenger Abgeschlossenheit von Allem, was weltlich klingt, ihr Heil suchen oder bewahren; es wird aber immer noch die Frage zu beantworten bleiben, ob das Kirchliche im harmonisch Starren und Steifen, im Schablonenartigen und Hergebrachten, oder ob es nicht vielmehr in der Erhabenheit und edlen Einfachheit der melodischen und rhythmischen Gestaltung liege. Der Meister mag sich immerhin irgend eine Beschränkung auferlegen, die er zu bewältigen und anderweitig aufzuwiegen die Macht hat. Von dem Schüler aber verlangen, er solle sich blos des diatonischen bedienen, das hieße nichts weniger, als einem Kinde, das laufen lernen soll, schwere und enge Stiefel anziehen.

Hauptmann's Auffstellungen über gewisse Töne, die nicht in dem engbegrenzten Raum des Dur- und Mollsystems liegen, und dennoch häufig gebraucht werden, ohne daß durch sie ein fremdes Gebiet betreten wird, sind so geistreich, daß wir uns nicht enthalten können, uns mit Vorliebe dabei aufzuhalten. Es handelt sich dabei hauptsächlich um

I. die Begründung der rechtlichen Existenz für eine kleine Sexte im Dursystem (z. B. as in C-dur), und Hauptmann stellt deshalb außer den beiden bekannten Tongeschlechtern Dur und Moll*) noch ein drittes auf, welches gleichsam eine Vermischung jener beiden darstellt, und welches er Moll-Dur nennt.

---

*) Die Gegenüberstellung von C-dur und C-moll statt der üblichen von C-dur und A-moll scheint uns für den Unterricht ein Vortheil und Zeitgewinn, da so Vieles in beiden analog ist, und anderseits die Verschiedenheiten klarer hervortreten.

C-dur: F a C e G h D.

C-moll: F as C es G h D.

C-moll-dur: F as C e G h D.

„So wenig diese Moll=Durtonart einem Musikstücke förmlich zu Grunde gelegt zu werden pflegt, so erscheint sie doch im Laufe eines solchen nicht selten angewendet; häufiger noch im sentimentalen Genre der modernen Musik als in der ältern. Wo der verminderte Septimenaccord sich in den Durdreiklang als Tonica auflöst, da ist dieses Tonsystem vorhanden, und zwar ist es dann eben in den Tönen dieser beiden Accorde in seinem ganzen Umfange enthalten. Ebenso, seinem Hauptinhalte nach, bei dem Plagalschlusse aus dem Molldreiklange der Unterdominant nach dem Durdreiklange der Tonica. Den verminderten Dreiklang der zweiten Stufe, einen übermäßigen Dreiklang und übermäßigen Sextaccord*), hat diese Tonart mit der Molltonart gemein, ohne daß diese Accorde sich hier auf einen Molldreiklang als tonischen beziehen."

Hauptmann's Rechtfertigung dieser Tonart besteht darin, daß er den (positiven) Durdreiklang als Mitte oder Hauptsache beibehält, und den Mollaccord (die Negation) in den Begriff des Tonartsystems aufnimmt, ohne ihn wie in der Molltonart zur Tonica zu machen. Die beste Rechtfertigung liegt für uns in der ziemlich häufigen Anwendung und der unbedingten Zustimmung des musikalischen Gefühls. Um nur einige Beispiele anzuführen, wollen wir an die Schlußstelle des Adagio's im Claviertrio aus G-dur und an die magische Trillerstelle im zweiten Theile des ersten Satzes vom großen B-dur-Trio (die beiden letzten Tacte vor dem Wiedereintritt des Thema's) von Beethoven erinnern.

II. Zur Begründung einer erhöhten vierten Stufe in allen drei Tongeschlechtern stellt Hauptmann eine Theorie auf, die er das „übergreifende System" nennt, und welche viele eigenthümliche Fälle auf sehr einfache Weise erklärt. Dieses Uebergreifen besteht darin, daß

„Das Tonartsystem um ein Glied in der Dreiklangsreihe nach der Unter- oder Oberdominantseite vorgerückt wird, — — daß es auf der einen oder anderen Seite über sein Gebiet hinaustritt:

C-dur: B d | F a C e G h D | fis A

---

*) Dieser Letztere kann erst aus dem Folgenden, unter II. Erklärten, verstanden werden.

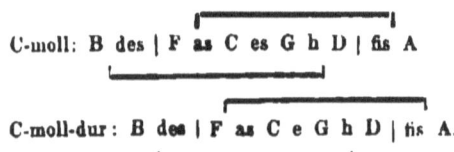

„Das System wird dadurch nicht erweitert, und kann nicht erweitert werden, denn es wird, was es auf der einen Seite gewinnt, auf der entgegengesetzten wieder verlieren müssen, und behält dann zu seinem Inbegriffe immer nur den Inhalt von drei aneinanderliegenden Dreiklangsformationen. Es wird aber auch durch eine solche Verrückung in das nächste Glied der Reihe nach der einen oder anderen Seite die bestehende Tonart noch nicht aufgehoben, denn es bleibt auf der entgegengesetzten Seite noch eine Dominant-Bestimmung stehen." (Nämlich z. B. in C-moll, wenn fis eintritt, der Ton as, welcher noch entschieden C-moll ausspricht.) „Wenn der Uebertritt nach der Unterdominantseite geschehen, bleibt die Terz der Oberdominant, wenn er nach der Seite der Oberdominant geschieht, die Terz der Oberdominant, welche eine oder andere die Tonica ihre Bestimmung als Hauptaccord noch nicht aufgeben läßt."

Namentlich ist es nun der Ton fis, der in C-dur, Moll, und Moll-dur eingeführt werden kann, und welcher eine Anzahl von Zusammenklängen und Accordfolgen bewirkt, die auf den ersten Anblick der Haupttonart fremd zu sein scheinen, und es doch nicht sind. So vernimmt man ziemlich häufig in C-dur den scheinbaren Dominant-Septimenaccord von G-dur, ohne daß er wirklich nach C-dur führt;

$$\text{z. B.:} \quad \begin{array}{cccc} & 8 & 8 & \\ 4 & 6 & 5 & 5 \\ 3 & 4 & 3 & 3 \\ a & g & g & c. \end{array}$$

Dieser und alle jene Fälle, wo, z. B. in C-dur oder Moll, fis zugleich mit as erscheint, finden hierdurch eine Erklärung, die den ganzen mühsamen chromatischen Apparat unnöthig macht.

IV.

Sehr eigenthümlich ist der von **Hauptmann** aufgestellte Unterschied eines „**unverwendeten und verwendeten Systems.**" In der Accordreihe von C-dur, moll oder moll-dur:

$$\begin{array}{c} (as) \ (es) \\ | F \ a \ C \ e \ G \ h \ D | \\ (gs) \end{array}$$

erscheinen F und D als die Grenzen des Systems, c als Mitte desselben. (Man weiß, daß jene Grenztöne kein mathematisch reines Ver-

hältniß geben.) Nun kann man aber doch die Grenzen sich zusammen=
geschlossen vorstellen:

„Wir können die Vorstellung, daß Etwas in sich selbst übergehe, so fassen,
daß wir uns eine endliche gerade Linie zum Kreis gebogen, Anfang und Ende mit
einander verbunden denken: Das Endliche als Unendliches, oder das Un=
endliche im Endlichen."

Hauptmann schließt also den Kreis, in dem er die Grenzen
zusammensetzt und die Mitte hinauskehrt:

$$\underbrace{\overset{(es)}{c}\,\overset{(as)}{G}\,\overset{(es)}{h}\,D}\;|\;F\,a\,C\,e, \quad\text{oder:}\quad \overset{(as)}{a}\overset{\overset{(es)}{C\;\;\;e\;\;\;G}}{\underset{F\;|\;D}{\bigcirc}}h$$

und vindicirt in der Folge allen jenen Dreiklängen und Septimen=
accorden, welche die Grenztöne D | F enthalten, nämlich: h D F, —
D F a, G h D F, — $\overset{(as)}{h}$ D F a, — und $\overset{(as)}{D}$ F a C eine besondere
Bedeutung in der Tonart, — eine besonders „zusammenschließende
Kraft." In Betreff jener Septimenaccorde stellt er auch sehr feine
Unterscheidungen auf, die sich auf Accordlage und metrische Stel=
lung beziehen. Die Nachweisung, daß die (in der Septime vorbe=
reiteten) Septimenaccorde des unverwendeten Systems: $\overset{(as)}{F}\,a\,\overset{(es)}{C}\,e$,
— $\overset{(as)}{a}\,\overset{(es)}{C}\,e\,G,\;\overset{(es)}{C}\,e\,G\,h$, — und $\overset{(es)}{e}\,G\,h\,D$ eine metrisch erste Zeit
(guten Tacttheil) verlangen, — die des verwendeten Systems —
die Grenztöne D | F enthaltenden (siehe oben) dagegen auch auf einer
zweiten Zeit (schlechtem Tacttheile) mit guter Wirkung Platz finden,
ist uns ebenso fein als treffend und neu erschienen.

In Bezug auf Accordfolge bestrebt sich die neuere Musik=
wissenschaft das Gesetz zu ergründen, nach welchem dieselbe vor sich
geht. Niemand wird annehmen, daß (um nur von dem zu sprechen,
was innerhalb einer Tonart liegt) man die sieben Dreiklänge sammt
ihren Versetzungen etwa wie Lotterienummern unter einander schütteln,
und dann beliebig herausziehen und aneinanderreihen könne; es wird
vielmehr Jeder eine gewisse Gesetzmäßigkeit aus aller Musik heraus=
hören. Aber diese Gesetzmäßigkeit hat den Theoretikern bis heute viel
zu schaffen gemacht, und wird ihnen noch zu schaffen machen. Sie ist
überall zu sehen und zu hören; aber wie und wo man sie greifen,

faſſen und analyſiren will, da entwiſcht ſie unter den Händen und treibt gern ihren Spott mit dem fleißigen Forſcher. Sobald dieſer ein Geſetz, eine Regel in Worten ausgedrückt hat, ſtößt er auch ſchon auf Widerſprüche und man kann faſt ſagen, es gäbe keinen Satz, der un= bedingt als giltig anzunehmen wäre.

Im Allgemeinen iſt wohl das Princip des Gemeinſamen, des Bleibenden und in der Veränderung nur ſeine Bedeutung Wechſelnden, — das Princip der Beziehung aller Accorde auf Einen Hauptaccord (Tonica) als ein vollſtändig befriedigendes anzu= ſehen; denn es enthält der Analogien ſo viele, die auf anderen Ge= bieten giltig ſind, daß ein ſinniges Gemüth nichts weiter zu wünſchen übrig hat; und es treffen hier auch die Fundamentaltheorie mit der Hauptmann'ſchen wunderbar zuſammen. Aber im Einzelnen geht wieder Alles auseinander. Die Fundamentaltheorie bevorzugt durchaus die Accordbildung nach der Unterdominantſeite hin (die Quartengänge des Fundamentes aufwärts und Terzengänge abwärts) und verwirft die fortgeſetzten Folgen nach der Oberdominantſeite (die Quinten= und Terzengänge des Fundaments aufwärts), indem ſie ſich auf die Natur der verminderten (oder unreinen) Quinten der Accorde der zweiten und ſiebenten Stufe ſtützt, und dieſelben den allgemeinen Geſetzen der Diſſonanz unterwirft. Hauptmann läßt dieſe Folgen, ſofern es blos Dreiklangs= nicht Septimenaccordsfolgen ſind, zu. Die Funda= mentaltheorie ſieht ſich zwar ſpäter genöthigt, dieſelben ebenfalls be= dingungsweiſe zuzugeſtehen; allein ſie holt die Rechtfertigung aus dem temperirten Syſtem (der Unnatur), aus der Vorhalt= und Durch= gangstheorie. Dies iſt der Cardinalpunkt, über den die Hauptvertreter der gegenſeitigen Anſchauungen ſich einigen müſſen; und namentlich wäre es wünſchenswerth, daß Hauptmann einige vielleicht ſchuldig gebliebene Erläuterungen nachfolgen ließe.

Dagegen wird Niemand die Hauptmann'ſche, ganz der Praxis entſprechende Theorie der Stimmfortſchreitung mißbilligen können. Die= ſelbe läuft im Grunde auf die Nachweiſung hinaus, daß vom excluſive harmoniſchen Standpunkt jede Accordlage der Folge bei unvermittel= ten Accorden (die keinen gemeinſchaftlichen Ton haben) gut ſei, bei wel= cher keine offenbaren oder verdeckten Quinten entſtehen. Die Folgen

$$\text{z. B.:}\quad \begin{matrix} E & F & — & D & F \\ h & C & & h & C \\ G & a & & G & a, \end{matrix}$$

— in welchen nach der Fundamentaltheorie falſche oder doch unregelmäßige und der Entschuldigung bedürftige Stimmenfortschreitungen enthalten sind, sind nach Hauptmann vollkommen normal, ja sogar ausschließlich die richtigen, wenn es einmal gilt, überhaupt, wie oben, nach dem G-Accord oder nach dem Sextaccord auf G einen F-Accord folgen zu lassen.

Berücksichtigenswerth scheint uns, was Hauptmann über das Quintenverbot sagt:

„Bei einer Quintparallele, wie sehr sie auch verdeckt werde, wird immer die Bedeutung durchklingen, daß ein zweiter Dreiklang gegen einen ersten, der als Anfang steht, sich wieder als Anfang will geltend machen; was als ein Accordegoismus die Einheit des Satzes aufhebt.

Wenn indeß Hauptmann auch noch bemerkt, daß:

„nie eine parallele Quintfortschreitung zulässig sein wird, da eine unverbundene Harmonie setzen zu wollen, nicht in künstlerisch-vernünftiger Absicht liegen kann" *) —

so fügt er doch wohlweislich gleich bei:

„Es kann in dieser Strenge allerdings nur von unmittelbarer Folge reiner Quinten in der Secundfortschreitung, und wo die Töne Accordbedeutung haben, die Rede sein."

Später läßt Hauptmann noch Folgendes über das Gesetz der Accordfolge hören, was von manchen guten Theoretikern, die aber in allzuengherziger Consequenz die Einzelbestimmungen der Theorie auch überall in den Compositionen genau befolgt wissen wollen, beherzigt zu werden verdient:

„Mit solcher formalen Selbstbestimmung, die eine Folge von Accorden nur allein in gebundener Nothwendigkeit erwachsen, ja wie eine mineralische Krystallisation anschließen läßt, ohne alle Freiheit und Wahl, würde allerdings für die musikalische Composition ein sehr beschränkendes Material geboten sein. Ihre Productionen würden in diesen Fesseln den egyptischen Sculpturen gleichen müssen, deren Verhältnisse in so strenger Bestimmtheit vorgeschrieben waren, daß zwei Statuen gleicher Höhe, von verschiedenen Bildhauern gefertigt, auch in allen Theilen genau dieselben werden mußten. Es ist aber hier nur die allerdirekteste und nächste Stimmenverbindung, wie sie nach dem inneren Folgegesetze allein, ohne Hinzutritt irgend einer anderen Bestimmung, sich bilden würde, gezeigt. Der gesetzmäßige Organismus läßt dann auch eine freiere, ja die freieste Bewegung seiner Glieder zu innerhalb der Gesetzmäßigkeit."

Viele interessante und vielfältigen Stoff zu Betrachtungen abgebende Sätze Hauptmann's müssen wir übergehen, und wollen uns

---

*) Vielleicht zuweilen doch! Man denke an die große Stelle im ersten Satze der Eroica, wo das Thema zuerst in Es, dann in Des und endlich in C-dur einsetzt, und wobei das Quinthafte des Satzes nicht abgeläugnet werden kann. T. P.

nur noch vorzugsweise bei seiner Auffassung der Dissonanz aufhalten. — Das von ihm gleich anfangs aufgestellte Axiom, daß jeder Ton eines musikalischen Satzes nur Octav-, Quint- oder Terzbedeutung haben könne, bringt natürlich eine von der bisherigen ganz verschiedene Auffassung von dem hervor, was wir Dissonanz nennen. Wie nach Hauptmann überhaupt die ganze harmonische Verkettung im Uebergang dieser Bedeutungen besteht, und auch die melodische Folge sich nur in ihm verständlich macht, so muß er auch bei der Erklärung der Dissonanz hieran festhalten.

„Die melodische Folge als Zusammenklang gesetzt, ist die Dissonanz." — — „Die Fortschreitung aus der ersten Stufe der Tonleiter in die zweite bestimmt sich an der Dominant, indem diese aus der Quintbedeutung in die des Grundtones übergeht. Es würde nun, wenn man beide Stufen zugleich hören, oder die erste zu der eingetretenen zweiten noch fortklingen ließe, die harmonische Bedeutung dieses Secundintervalles an der Dominant sein: daß sie gleichzeitig Quint- und Grundton sei. Das ist ein Widerspruch, wenn diese Doppelbedeutung als eine bestehende gesetzt werden soll; sie wird aber als eine vorübergehende in diesem Tone enthalten sein können, wenn er aus der einen in die andere übergegangen, die erste mit dem Uebergange selbst nicht sogleich, sondern erst später aufgibt. Es erfordert somit die Dissonanz eine ihr vorausgehende und eine nachfolgende Zeit zur Rechtfertigung ihres Daseins, nämlich eine vorausgehende der Vorbereitung und eine nachfolgende der Auflösung."

Aus Obigem erklärt sich insbesondere das Wesen des Vorhalts; aber auch im Allgemeinen das der Dissonanz, indem

„bei einer jeden das Verständniß des dissonirenden Intervalles nicht in dem unmittelbaren Verhältnisse der beiden dissonirend zu einander klingenden Töne, sondern in einem, außer ihnen liegenden, durch ihren Zusammenklang zur Zweiheit bestimmten Momente zu finden ist."

Der Septimenaccord, den man bisher als einen Dreiklang mit willkürlich dazu gefügter Septime des Grundtones erklärte, ist nun nach Hauptmann

„der Zusammenklang zweier durch ein gemeinschaftliches Intervall verbundener Dreiklänge. Er bildet sich durch den Uebergang aus dem einen in den andern, indem der erste mit dem zweiten noch fortbesteht."

Es folgt nun die äußerst sinnige Nachweisung der einfachen und zusammengezogenen Prozesse, durch welche die verschiedenen Septimenharmonien nach einem bestimmten Ausgangsdreiklang an den Tag treten.

In Betreff der Auflösung bringt Hauptmann neben der Begründung der vorzugsweise geltenden empirischen Regel: „die Septime fällt," auch die Rechtfertigung und Erklärung anderer Auflösungsarten, die bisher entweder theoretisch vernachlässigt oder doch nicht zur Evidenz gebracht wurden. — Die Compositionslehre hat zwar (wenn wir nicht irren auch nach Hauptmann's eigenem Geständnisse) weder die Aufgabe noch die Verpflichtung den innersten, mehr naturwissenschaftlichen Grund der aufgestellten Regel mitzutheilen; aber daß die Regel einer vollständigen Begründung fähig sein müsse, das dürfte unbestritten sein, und Hauptmann's Buch ist eben von ihm selbst als ein Versuch bezeichnet, jene, welche darnach fragen, zu befriedigen.

Wenn nun der Septimenaccord nach Hauptmann in einer Dreiklangszweiheit besteht, und der dissonanzvermittelnde Ton, der im Vorhaltsaccorde schon vorhanden ist, hier erst gefordert wird, so ist hierin der wesentliche Unterschied dieser beiden Dissonanzgattungen ausgesprochen.

Hauptmann meint nun:

„Dieser vermittelnde Ton (des Septimenintervalles) wird auch hier zu dem einen der dissonirenden Töne Grundton, zu dem andern Quint sein müssen.

Es wird im Septimenaccorde für das mittlere zweideutig bestimmte Terzintervall eintreten und die Auflösung wird sodann an ihm und durch ihn auf eben dieselbe Weise erfolgen, wie sie bei der Vorhaltsdissonanz geschieht. Denn es ist durch diese Dissonanzvermittlung, welche für das innere Terzintervall eingetreten, der Septimenaccord eben ein Vorhaltsaccord geworden.

Es kann aber die Auflösung des dissonirenden Intervalles im Septimenaccorde mit dem Eintritte des vermittelnden Tones zugleich geschehen, oder sie kann später erfolgen. Das letztere ist der Vorgang, wo die Septime vor der Auflösung noch als Vortheil verweilt. Es stellt sich in diesem nur der ausführliche, in der unmittelbaren Auflösung des Septimenaccords aber ein zusammengezogener Prozeß derselben dar."

Nach Hauptmann löst sich also z. B. c G h D vorerst in den Vorhaltsaccord c a D auf, worauf das eingetretene a entweder als Grundton sich geltend macht und das D nöthigt, in die Terz C herabzutreten; oder es macht sich a als Quint geltend, und nöthigt dadurch das c, in die Terz F hinaufzutreten *). Ferner können auch diese beiden Schritte zusammengezogen werden, und also zugleich geschehen;

---

*) Als Beispiel dieser Auflösungsart kann der 27. und 28. Tact des „Venetianischen Gondelliedes" (Nr. 5 des 5. Heftes der Lieder ohne Worte) von Mendelssohn angesehen werden.

„dann kommt a aus dem Zweifel, Quint- oder Grundton zu sein, in F a C zu der Gewißheit Terz zu werden."

Es folgt nun die Erklärung eines anderen Prozesses, wonach sich der obige Septimenaccord auch noch nach e G C oder e G h C,— und nach F h D, oder F G h D auflösen kann.

Später im Verlauf des Werkes unter dem Titel: „chromatische Auflösung der Dissonanz" bringt Hauptmann auch noch die Rechtfertigung jener Auflösungsarten, wo die Septime steigt, und es werden dadurch viele Fälle verständlicher; und zwar namentlich jene in halben Tönen aufwärts steigenden Folgen von verminderten Septimenaccorden, und jene Folge C e G B -- D F G h, welche Beethoven im C-Quartette gebracht hat. Die Rechtfertigung selbst stützt sich auf den oben ausgeführten Grundsatz Hauptmann's, daß die Septime nicht unbedingt fallen, sondern auch der Grundton derselben steigen könne. Kann sich nun C B in d B lösen, so muß es sich auch chromatisch in D h lösen können; ebenso gis f in A f und A Fis.

Wir beschließen hiermit die ausführlichen Mittheilungen aus Hauptmann's Buch; denn obwohl gerade der zweite Theil desselben, der von der Metrik, und der dritte Theil, der von der Verbindung der Metrik mit der Harmonik handelt, vielleicht das Interessanteste des Ganzen ist, so würden doch leicht Mittheilungen darüber zu sehr in die Länge gezogen erscheinen. Wir glauben unseren Zweck erreicht zu haben, wenn wir unsere Leser zum Studium des Buches selbst angeregt haben. Möchten es Alle, die nach wissenschaftlich-tieferer Erkenntniß streben, und besonders Jene, die sich mit Unterricht in der Compositionslehre befassen, fleißig in die Hand nehmen, um darnach ihre Ansichten zu klären und zu erweitern. Auch glauben wir, daß es, in der Methode durchgeführt, dem Lernenden die „spanischen Stiefel" bedeutend erleichtern, und ihm die Möglichkeit bieten dürfte, aus dem beengenden Kreise des Alltäglichen und Gewöhnlichen, ohne Gefahr zu „irrlichteliren", in ein freieres Gebiet harmonischer Behandlung herauszukommen. Die Nothwendigkeit dieser Freiheit leuchtet ein, sobald man nur einsehen kann und zugestehen mag, daß die erste Bedingung genialen Schaffens der Muth ist anders zu erfinden als Andere. Jenes „Anders" liegt nun, — möge man uns nicht mißverstehen, — nicht in abenteuerlichem Zusammenhäufen von Unschönem und Barockem, nicht in der Verachtung aller natürlichen Gesetze u. f. w.; aber es gibt in der Musik feinere Züge, über welche die Theorie nicht mit dem schärfsten Messer herfallen kann, ohne das innerste Mark und zarteste Leben tödtlich zu verwunden.

Zum Schlusse wollen wir noch einige allgemeine Sätze Hauptmann's, die mehr in das ästhetische Gebiet hinüberstreifen, hersetzen. Hauptmann sagt gelegentlich der enharmonischen Verwechselung:

„Daß die Musik in der Production zeitlich an dem Hörer vorübergeht, daß wir im Fortgange immer nur das unmittelbar Aneinanderhängende sinnlich vor uns haben, läßt manches Mangelhafte in Form und Führung eines Tonstückes übersehen, was in einer zusammenfassenden, wenn wir so sagen dürfen, in einer architectonischen Vorstellung des Ganzen für den inneren Sinn sich nicht würde verbergen können. Wie das Schiefe, das Unsymmetrische und Verhältnißwidrige in sichtbaren Gegenständen, die auf Regelmäßigkeit Anspruch machen, dem gesunden Auge sogleich störend entgegentritt, so würde auch, gleich den Fehlern in der unmittelbaren Accordfolge, das Ungehörige in der modulatorischen Disposition, wie in metrischen Satzverhältnissen, leicht wahrgenommen werden, wenn der Ueberblick eines größeren Zeitganzen in seiner Gliederung nicht an sich schon eine schwerere Aufgabe wäre, als die, ein räumlich Gegliedertes in seinen Verhältnissen zu überschauen. Es ist aber in der Musik eine solche Architectonik, die hauptsächlich in der regelmäßig metrischen und modulatorischen Beschaffenheit des Tonstückes besteht, ein so wesentliches Erforderniß, daß eine musikalische Composition uns als Kunst überhaupt ohne sie gar nicht ansprechen kann. Für die erste Wirkung scheinen diese Bedingungen weniger von bestimmendem Einflusse zu sein, indem wir auch gestaltlose, phrasenhafte Productionen, ohne verständigen Periodenbau, ohne organische Einheit des Mannigfaltigen, nicht selten einen glänzenden Succeß erringen sehen. In einer dauernden Gunst haben aber immer nur solche Werke sich erhalten können, die, abgesehen von charakteristischen Eigenthümlichkeiten, von melodischem und harmonischen Reize, eine rhythmisch-metrische und modulatorische Ordnung bewahren; d. h. solche, die ihre Schönheiten in der Schönheit des Ganzen, in der Wahrheit und vernünftigen Gesetzmäßigkeit der an sich künstlerisch giltigen Form tragen."

Ueber den Charakter der Tonarten, welchem frühere Aesthetiker eine Aufmerksamkeit schenkten, die oft bis ins Lächerliche ging, indem sie ganz allgemein die Kreuz- von den B-Tonarten unterschieden, und wieder jeder Einzelnen eine besondere mit Worten zu bezeichnende Färbung vindicirten, läßt Hauptmann sich folgendermaßen vernehmen:

„Nach der vorhergegangenen Betrachtung wird aber überhaupt jede Tonart, welche gegen eine andere chromatisch erhöhte Töne enthält, sich zu dieser als eine gesteigerte, gespanntere verhalten; eine Tonart, die sich durch chromatisch vertiefte Töne von einer anderen unterscheidet, gegen diese auch selbst als eine vertiefte,

Charakter der Tonarten zu suchen, der allerdings vorhanden ist, aber eben nur ein relativer, kein absoluter für die einzelne Tonart sein kann, indem an sich eine jede besondere Tonart in ihrem Organismus ganz auf denselben Bedingungen wie die übrigen beruht. Da es eine absolute Tonhöhe nicht gibt, so kann auch eben so wenig in dieser eine Bestimmung für den Charakter der Tonarten liegen. Ein Gesang in der C-Durtonart ist vollkommen gleich demselben Gesange in der Des-Durtonart, wenn letztere in der Tonhöhe der ersteren intonirt wird: denn es ist in ihrem Wesen die eine vollkommen gleich der anderen. In ihrem Verhältnisse zu einander liegt aber die charakteristische Bestimmung, daß die Des-Durtonart den Grundton der C-Durtonart als Oberdominantterz, als Leitton, den Unterdominantgrundton dieser als tonische Terz enthält; daß durch die Umwandlung der Grundtöne in die Terzbedeutung alle anderen Momente der C-Durtonart nach der Unterdominantseite chromatisch vertieft sich wenden, nach einer Region, aus deren Standpunkt die C-Durtonart selbst als eine gesteigerte, gespannte erscheinen muß. Denselben Charakter des Unterschiedes zwischen der Des-Durtonart und der C-Durtonart wird aber auch die D-Durtonart gegen die Cis-Durtonart hervortreten lassen, — — keine aber einen positiven Charakter für sich in Anspruch nehmen können. Eine eigenthümliche Färbung können die einzelnen Tonarten zwar in der Orchesterwirkung, in den Saiten- und Blasinstrumenten noch erhalten, die aber, indem sie dann nur auf mechanischer Beschaffenheit und besonderen akustischen Bedingungen der verschiedenen Instrumente beruhet, und nicht in der Natur der Tonart selbst begründet ist, hier nicht als wesentlich betrachtet werden kann. In der reinen Vokalmusik wird man der einzelnen Tonart einen besonderen Charakter nicht zuschreiben wollen, hier kann das Charakteristische allein in ihrer Zusammenstellung mit anderen Tonarten, in den verwandtschaftlichen Beziehungen, und sofern solche durch die Modulation hervortreten, zu finden sein."

Alexandro Oulibicheff. „Beethoven, ses critiques et ses glossateurs." Leipzig. Brockhaus. Paris. Gavelot. (Oktober 1857.)

Es ist zwar nicht daran zu zweifeln, daß dieses Buch von geistreicheren und gewichtigeren Federn, als die unsere ist, seine Beleuchtung finden wird; allein man darf doch auch vom Donaustrande her, wo der Gegenstand des Buches gelebt und gewirkt hat, eine Meinung erwarten. Ja, wir fühlen uns umsomehr dazu aufgefordert, als man den Verfasser aus einer übel angebrachten Pietät, wegen eines früheren allerdings verdienstlichen Werkes (Mozart), bisher mit einer fast unbegreiflichen Milde beurtheilt hat; so zwar daß die Manen unseres geliebtesten Meisters uns keine Ruhe lassen und uns den Muth geben, vorzugsweise das auszusprechen, was gegen Ulibischeff gesagt werden kann.

Bei der ungemeinen Voluminosität des Buches (351 Quartseiten) können wir uns natürlich nicht auf eine er sch öp fende Kritik einlassen, — eine solche würde ebenfalls ein Buch erfordern, und ein solches zu schreiben überlassen wir Jenen, die sich direkt dazu aufgefordert fühlen müssen. Wir wollen hier unseren Lesern blos erzählen, wie es uns mit dem Buche ergangen ist, welchen Eindruck es im Ganzen auf uns gemacht hat, und dann wollen wir Einiges, was in das Gebiet der musikalischen Theorie und Aesthetik fällt, herausheben und erörtern.

Als wir das Buch in die Hand nahmen, blätterten wir, unserer Gewohnheit zufolge, vorerst so obenhin in demselben, um einen Vorgeschmack zu bekommen. Es fiel uns gerade das letzte Capitel in die Augen, wo wir Folgendes fanden:

„Als ich an meiner Biographie Mozart's arbeitete, hatte ich keinen Grund anzunehmen, daß meine künftigen Leser sich in In- und Ausländer theilen würden. Ich schrieb einfach über die Musik, welche in einem Menschen zur Erscheinung trat, für Musiker und Liebhaber aller Länder und aller Gesellschaftsklassen. So ist das neue Buch, welches ich heute dem öffentlichen Urtheile vorlege, ganz und gar nicht. Es wendet sich ganz besonders an meine Landsleute, und ist, wie ich glaube, an sich ein Zeichen eines unter Schriftstellern hinlänglich seltenen Patriotismus, weil es den ziemlich allgemeinen und hervortretenden Erfolg, welchen mein erstes Buch gehabt hat, gefährden, wo nicht gar vernichten kann."

Also für Russen ist dieses französisch geschriebene Buch über einen deutschen Tondichter geschrieben! Und doch fürchtet Ulibischeff einen üblen Erfolg. Es scheint demnach, daß die Verehrung Beethovens in Rußland schon ziemlich verbreitet sei; und dies würde viel sagen, wenn man bedenkt, wie hinderlich die dort herrschende französische Bildung und eine damit verbundene Oberflächlichkeit des Geschmacks dem Begreifen eines so durch und durch deutschen Tonsetzers sein muß. Es wird sich nun fragen, auf welchen Standpunkt sich Ulibischeff stellt, und in welchem Sinne er selbst Beethoven auffaßt. — Der Zufall, der mitunter etwas boshaft ist, wollte, daß uns darauf eine andere Stelle in die Augen fiel, welche über den letzteren Punkt einige Aufklärung gibt. Ulibischeff erzählt Seite 23 wie er zum ersten Male in Petersburg den „Tancred" gehört habe. Bei den Gesängen: „Di tanti palpiti" und „Ah se di mali miei" „flossen (sagt Ulibischeff), ich weiß nicht wie viele Thränen über meine Wangen, ich weiß nicht wie viele Schauer über meinen Rücken; ich erinnere mich nur des Einen, daß mir schien **als hörte ich zum ersten Male Musik.** Alles was ich bisher gekannt, geliebt, gespielt und gesungen hatte, erschien mir dagegen wie ein Schatten. Da ich keine Ursache hatte, mein **Gefühl für Rossini** zu verheimlichen, und da der Enthusiasmus immer zur Proselytenmacherei führt, so verlegte ich mich darauf, den großen Meister in dem Kreise deutscher Musiker, in welchem ich lebte, zu preisen. Einer von ihnen, Carl **Zeuner**, ehemaliger Pianist, ein bejahrter Mann von großer Gelehrsamkeit, welcher mir freundlich gesinnt war, und aus gewissen Gründen einen Musikkritiker aus mir machen wollte, sagte mir darauf: Sie werden Schande davon haben, wenn Sie so sprechen. — Warum dies? — Weil man Musik **verstehen** muß, um darüber zu urtheilen. — Ich, ich verstehe nicht Musik! — Sie haben einen hübschen Tenor, und **spielen passabel das Quintett in C** (von **Beethoven**), aber Sie verstehen noch nichts, da Sie Rossini über **Mozart und Beethoven** setzen." —

Von nun an wußten wir mit einiger Sicherheit, was das Buch enthalten werde. Wie?! Ulibischeff kannte schon Beethoven, spielte seine Werke passabel, und konnte durch Di tanti palpiti auch nur für einen Augenblick jene viel höheren geistigen Genüsse vergessen und für nichts achten? Solche tiefe Eindrücke vergißt man doch sonst nicht, — oder man hat sie nie empfunden! man bemerke wohl, daß es sich nicht etwa um die Kehle der ihn berauschenden Sängerin (der Bordogno) gehandelt, sondern um die Composition „Tancred." Soll man hierauf noch einen sonderlichen Glauben an die Fähigkeiten Ulibischeff's behalten, den **deutschen Beethoven** zu begreifen, und besonders die Culminationspunkte seiner Individualität und seines nationalen Schaffens?! Der alte **Zeuner** mochte Recht haben, wenn er sagte **Ulibischeff verstünde** noch nichts; — Unrecht aber hatte er, wenn er meinte, das Studium der musikalischen Grammatik und der Geschichte der Tonkunst werde ihn vollständig heilen; denn nicht die Gelehrsamkeit allein ist es, die zum Verständniß und zur Würdigung Beethoven's führt, sondern von Haus aus Gemüth (wofür die Franzosen bekanntlich kein Wort haben) und **tiefes Gefühl für Größe und Wahrheit**, verbunden mit musikalischer Auffassungsgabe.

Wir blätterten nun gemächlich weiter, und fanden fast auf jeder Seite die Bestätigung der über Ulibischeff gewonnenen Ansicht.

Das Buch hat seinen innern Entstehungsgrund in den Vorwürfen, die von vielen Seiten Ulibischeff gemacht wurden, über einige gegen Beethoven absprechende Aeußerungen in seiner sonst mit Recht geschätzten Biographie Mozart's. Es genügt uns zu constatiren, daß Ulibischeff diese Vorwürfe nicht widerlegt, sondern vielmehr sich alle Mühe gegeben hat, den Beweis herzustellen, daß Jene Recht hatten, daß er nämlich Beethoven wirklich nicht versteht. Wir finden diesen Beweis einmal in der höchst pedantischen, kleinlich feilschenden Weise, mit welcher Ulibischeff gewisse melodische und harmonische Freiheiten des gigantischen Componisten als unstatthaft und falsch klingend*) hinstellt, wo er aber eben so oft theoretisch ganz auf dem Holzwege ist, als er übersieht, daß dort, wo es sich um große und neue Ideen handelt, nicht Alles so schön glatt und eben fortgehen kann, wie in gewöhnlicher, leieriger Alltagsmusik. Ferner in der keineswegs auf gründliche psychologische Forschungen begründeten, sondern blos auf einige, über den sich in großen Kämpfen mit seinen eigenen Leiden und mit der ihn oft nicht begreifenden Mitwelt befindenden, stets wohlwollenden aber etwas derben Beethoven, leichtfertig erzählte Anekdoten hin zusammengestoppelten, oft mit wahrhaft beleidigender Schärfe und einem Witze, der einer schlechteren Sache und eines schlechteren Mannes würdig wäre, gespickten persönlichen Charakteristik, welche jedem in Beethoven's Empfindungsweise tiefer Blickenden unwahr, ja widerwärtig erscheinen muß. — Endlich finden wir Drittens obigen Beweis in der sonderbaren Vermischung der Sache Beethoven's mit der seiner Nachahmer und Ausleger.

In weiterer Ausführung dieser drei Punkte sei Folgendes als unsere innerste vollste Ueberzeugung hingestellt.

Ulibischeff glaubt einerseits seine Ohren und allenfalls die einiger Zeitgenossen Beethoven's als untrügliche Richter in streitigen Punkten aufstellen zu dürfen; andererseits ruft er die sogenannten „unumstößlichen Regeln der Harmonielehre" an. In ersterer Beziehung glauben wir jenen wenigen Ohren mit Fug und Recht viele Tausend Ohren in Deutschland und in anderen Ländern unserer Erde gegenüberzustellen zu dürfen, welche entzückt den erhabenen Klängen lauschen, und

---

*) Glaubt man sich doch bei manchen Stellen in jene Zeit versetzt, wo zopfige Aesthetiker und Theoretiker den genialen Componisten ein „musikalisches Schwein" nannten.

deren Besitzer noch nie bei den von Ulibischeff angeführten Stellen davongelaufen sind. Es ist übrigens eine eigene Sache um diese „Ohren." Offenbar bedürfen sie des Gestimmtwerdens; denn sowie man sich in S. Bach oder in die Alt-Italiener, oder in Berlioz oder Schumann hinarbeiten muß, um sich an gewisse Klänge zu gewöhnen, so muß auch vielleicht der Mozartianer oder Rossinianer Beethoven'sche Eigenheiten erst gewöhnen. Da nun die Theorie in dem Wortlaute ihrer Regeln der Praxis folgt — nicht umgekehrt — indem sie die durch geniale Componisten erfundenen Abweichungen als Ausnahmen gelten läßt (wodurch aber oft die Regel selbst modificirt wird) — Ausnahmen, die freilich in dem Gesetze selbst und in seiner richtigen Auslegung zugleich ihre nothwendige Begrenzung finden, so wird die Theorie auch immer der Praxis folgen, welche in einem bestimmten Lande die herrschende ist. Und so reichen denn unsere gegenwärtig in Deutschland giltigen Lehrsätze, von denen Ulibischeff noch wenig Notiz genommen zu haben scheint, zur Erklärung und Rechtfertigung Beethoven'scher Eigenthümlichkeiten viel entschiedener aus, als die alte Theorie. Die Sachlage ist eine ganz natürliche: Wohin die glückliche, sich frei in Aeonen bewegende und doch den sicheren Boden unter sich fühlende Phantasie des genialen Tonsetzers mit einem Sprunge kommt, dahin braucht die Theorie eine lange Frist unter mühsamer Arbeit, ohne den Genuß und die Freude daran zu haben. Der durchgebildete Tonsetzer weiß in solchem Falle, warum er diesmal die Regel unbeachtet lassen kann, warum die Regel auf diesen Einzelfall nicht paßt.

Betrachten wir z. B. das Quinten-Verbot, welches noch immer am strengsten aufrecht erhalten wird. Beethoven konnte ganz gut zu Ries sagen: „Ich erlaube die Quinten," was er doch wohl nur auf den damals vorliegenden Fall bezog, denn wir wüßten nicht, wo er leichtfertig selbst schlechte Quinten gemacht hätte. Heute kennen wir den Grund des Quinten-Verbotes schon besser als die Theoretiker, welche Ries anrief, und erlauben uns ungenirt welche zu machen, wenn z. B. der Satz rascher dahinfließt, und die eine der beiden stufenweise folgenden Quinten nicht direkten Accorden, sondern der eine oder andere Ton dem Geschlechte der „Durchgangsnoten" angehört. Wie es mit den Quinten steht, so steht es aber mit allen Verboten, und die Theorie wird, obwohl sie schon weit vorgeschritten ist,

tischen Kenntnissen sieht es daher noch etwas — mittelalterlich aus, und er würde, wenn er als theoretisirender Schriftsteller sich keine Blöße geben will, gut thun, vorerst neuere vorzügliche Werke zu lesen, wie z. B. M. Hauptmann's Harmonik und Metrik, ein Buch, welches das Gesetz und den Sinn desselben am entschiedensten und zugleich liberalsten gegen die Buchstabenregeln schützt.

Ulibischeff zählt nun eine Menge Beispiele aus Beethoven's Werken auf, die allgemein für kostbare Geistesblitze gehalten werden, die ihm aber fehlerhaft dünken. So z. B. jene Stelle im ersten Satze der Eroica, wo das Thema in Es, dann in Des und endlich in C-dur auftritt. Ulibischeff findet hier die Bemerkung passend, daß „an sich fehlerhafte (!) Dinge durch Anwendung einer poetischen Idee oder eines Programmes zu relativen Schönheiten werden können." Dies ist falsch! Was wirklich fehlerhaft ist, d. h., was einer rein musikalischen Bestimmung absolut widerspricht, kann durch nichts außermusikalisches schön werden. Glaubt aber Ulibischeff wirklich, daß zwischen diesen Accorden gar keine Verwandtschaft besteht, so irrt er abermals. Nach dem Es-Accorde kann ganz wohl der Des-Accord folgen, weil beide in der Tonart As-dur als Ober- und Unterdominante, — und nach dem Des-Accorde kann noch leichter der C-Accord folgen, weil beide in der Tonart F-moll als Accorde der sechsten und fünften Stufe vorkommen. Auch könnten wohl alle drei aus F-moll erklärt werden, wenn man eine siebente erniedrigte Stufe gelten läßt: es des c.

Ein gemeinsames Band umschlingt sie also wohl, und sie stehen bei weitem nicht so arg auseinander, als Ulibischeff meint. Beethoven gebraucht nur die Erweiterung, daß er diese Accorde als Dreiklänge auftreten läßt; — aber nicht geschwind hintereinander, sondern er läßt Jeden erst verhallen, und gönnt dadurch dem Ohre wohlweislich Zeit, sich auf ein folgendes Neue vorzubereiten. Unserem heutigen, wenigstens dem deutschen Ohre erscheint daher diese Folge weit weniger hart und fremd, als so mancher Gang in alter Musik; wie z. B. in dem berühmten Stabat mater von Palestrina der Anfang:

Die Verbindung von Tonica und Dominante zu momentauer Accordzweiheit macht Ulibischeff unlösbare Scrupel, obgleich er bei Mozart und viel früheren Componisten genug dergleichen finden konnte, und Beethoven auch hier höchstens eine Erweiterung oder neue Anwendung dieser Verbindung gebracht hat.

Bei folgendem sehr bekannten Vorhaltsaccorde: $\begin{smallmatrix}9&8\\7&\\5&6\\4&3\\C&C\end{smallmatrix}$ hört man Grundton und Quint der Tonica zugleich mit dem Dominantseptimenaccorde. Dies ist auch eine Zweiheit, so gut wie jeder dissonirende Accord. Aber Beethoven geht um einen Schritt weiter und nimmt bei der obigen Verbindung auch noch die Terz der Tonica dazu; freilich nicht zugleich, sondern nacheinander. Das kann Ulibischeff nicht vertragen, und er macht ein erstaunliches Wesen aus jenem anticipirten Horneintritte in demselben Satze.

Daß Beethoven solche Stellen selbst nur als Licenzen, nicht nach Art unserer neuesten Tollhäusler als das liebe tägliche Brot betrachtete, das beweist uns der Umstand, daß er solche Sachen immer nur an ganz besonderen Stellen, entweder im Durchführungssatze selbst, oder am Ende desselben, oder wo ein neues Thema eintreten sollte, anbrachte, um die Wirkung des dann folgenden Einfachen zu verstärken.

Gleich darauf führt Ulibischeff eine Stelle aus dem Finale dieser Symphonie an, wo die zweite Violine um ein Viertel zu früh einzutreten scheint. Hat Ulibischeff nie etwas von Anticipationen gehört? Es ist kindisch, bei einem Meister wie Beethoven, der nichts ohne guten Grund that, derlei kleine Abweichungen vom Gewöhnlichen zu tadeln. Was uns betrifft, so können wir in dem lebhaft bewegten Treiben jener Stelle, wo alles vorwärts drängt, ein solches Vorgreifen oder Anticipiren nicht anders als wirksam und der Intention des Ganzen entsprechend nennen.

Was Ulibischeff aus der vierten Symphonie an ähnlichen „Fehlern" zusammenstellt, ist wirklich komisch zu nennen. Einen Vorhalt, der in einer anderen Stimme aufgelöst wird, findet der Verfasser der Mühe werth als eine große Entdeckung hinzustellen. Ueber eine fernere Stelle, die nichts anderes ist, als eine harmonische Zerlegung einer vielgebrauchten Fortrückung in verminderten Septimen

cordzweiheit, weil der Baß den B-moll-Accord hindurchgeht, während andere Stimmen einen, wie Ulibischeff meint, auf F-moll (?) bezüglichen Accord aushalten. Ulibischeff beweist hier keineswegs einen Fehler der Composition, sondern nur, daß seine eigenen harmonischen Kenntnisse lückenhaft sind. Wenn er sich aber einredet, solches klinge falsch, so müssen seine Ohren nicht die nöthige Auffassungsgabe haben, oder er hat zu viel italienische Leierei gehört, oder man muß ihn zu jenen verpichten Theoretikern rechnen, welche ihre Ohren den Augen und dem rechnenden Verstande unterzuordnen sich alle erdenkliche Mühe gegeben haben. Daß auch Göthe und andere große Männer sich zuweilen gegen ungewohnte Klänge verwahrten, beweist wenig. Es hat auch Zeiten gegeben, wo sonst gescheidte Leute ganze Melodien in Quinten- und Oktavenfolgen wohlklingend fanden, und von Terzen und Sexten als unvollkommenen (!) Consonanzen nichts wissen wollten. Beethoven's beginnende Taubheit als Ursache solcher Stellen und seiner ganzen Entwickelung hinstellen, heißt ihm den inneren Gehörsinn absprechen. Vielleicht aber hat der taube Beethoven besser gehört, als mancher sich weise dünkende Hörende.

Nach einigen sonderbaren und mit ganz unpassenden Witzen geschmückten Beschreibungen der fünften Symphonie kommt Ulibischeff, wie fast vorauszusehen war, an jene berühmten 44 Tacte, welche das Finale dieser Symphonie einleiten. Ulibischeff fragt, ob dies Musik sei, und findet, daß der Componist hier geglaubt hat, „die Habeat-corpus-Acte der Musik aufheben zu müssen, da er sie von Allem loslöste, was irgend als Melodie, Harmonie und Rhythmus gelten könnte." Dies scheint uns geradezu lächerlich. Abgesehen von Allem, was die musikalische Aesthetik über diese Stelle als Uebergangs- und Durchgangsmoment von einer sehr düsteren zu dem kraftvoll sich aufschwingenden Schlußsatze mit Recht sagen kann*), enthalten Ulibischeffs Sätze reinen Unsinn. Musik ohne Melodie, Harmonie und Rhythmus ist wie ein Hut ohne Krämpe und Kopf, nichts, auch nicht ein Uebergangssatz, dessen Tacte man während des Hörens zählen kann. Ein solches Nichts kann man überhaupt gar nicht hören. Man hört aber doch etwas, und zwar: Melodie (freilich nicht Di tanti palpiti), Harmonie und Rhythmus. Melodie, indem man eine Folge von vollkommen meßbaren Tönen vernimmt,

---

*) Dem nämlich, daß Uebergangssätze mehr gangartig als satzmäßig sein

welche sogar sehr interessant aus dem Thema des dritten Satzes gebildet ist, — welche man sogar **singen** könnte, und welche vielleicht aus der Kehle der Bordogno Ulibischeff ganz hingerissen hätte; — Harmonie, nämlich gleichzeitige Töne, welche einen ganz faßlichen Zusammenklang geben, und sich, wenn man den erst einfachen, dann doppelten Orgelpunkt wie es immer geschieht, abrechnet, in musikalisch zu bezeichnende Accorde fassen zu lassen, die man in jeder Harmonielehre findet; — Rhythmus, indem das Ohr deutlich markirte Schläge von zweimal drei Vierteln auffassen kann, welche sich gleichmäßig wiederholen, und erst ganz am Schlusse, bevor der $^6/_8$=Tact eintritt, in ein durch das **Vorhergegangene** immer noch entschieden tactmäßig erkennbares Geschwirre übergehen. — Somit fällt Ulibischeff's anmaßlicher Tadel und Spott in nichts zusammen.

Bei Gelegenheit der Pastoral-Symphonie meint Ulibischeff, daß der erste Satz **wenig Effect** (!) mache*), und findet den Grund in seiner organischen Structur. „Sein Thema, ausgesprochen in **vier** (?) Tacten, ist in Stücke zerlegt und fragmentarisch gehalten, mehr wie eine Folge von buchstäblichen Wiederholungen (!) als wie eine variirte und fortschreitende Entwickelung. Es kommt z. B. ein solches Bruchtheil des gegebenen Themas vor, eine Gruppe von fünf Noten, welche allein zehn Partiturseiten (?) einnimmt" (wie wichtig!), „ohne anderen Wechsel als ein Herumgehen in verschiedenen Tonarten und auf verschiedenen Stufen der Tonleiter (!). Man möchte wirklich glauben, der Componist sei darüber eingeschlafen (!). — Eine Zerstückelung dieser Art kann bis auf einen gewissen Punkt seine Rechtfertigung in der Verschiedenheit der Tonfarben des Orchesters finden; auf dem Claviere ist sie unerträglich."

Wir haben die ganze Stelle hergesetzt, um unsere Leser einen Blick in die Ulibischeff'schen Anschauungen thun zu lassen, der nicht wichtiger sein könnte; denn nirgends im ganzen Buche ist die Wahrheit ärger entstellt, als hier. Wie ist uns denn? Ist die Pastorale für **Clavier** componirt? Nein, für **Orchester**. — Also ist auch die **Orchesterwirkung** allein entscheidend! — Der Componist sei „**eingeschlafen**!" — Uns macht im Gegentheile diese Stelle den Eindruck, als zöge die schöne Natur den Componisten immer höher hinauf

---

*) Dieses Stück ist ohne Trompeten und Pauken geschrieben. Vielleicht vermissen Manche diese. Wir bewundern gerade den Effect, den **Beethoven ohne** sie hervorgebracht hat.

in die Berge, in die reine Frühlingsluft; — immer weiter wird der Gesichtskreis, immer vollständiger; — da! um eine Ecke gebogen kommt eben eine neue Seite zum Vorschein, und endlich bietet sich dem wonnetrunkenen Auge der lang vermißte Anblick einer großen weiten Gegend! — Solch eine poetische Auslegung muß aber mit der musikalischen Rechtfertigung Hand in Hand gehen. Hier ist sie: — Es ist unwahr, wenn Ulibischeff sagt: „ohne anderen Wechsel," denn einmal fangen diese Stellen pp an und steigern sich bis zum ff — (beim Einschlafen geht es bekanntlich umgekehrt zu), — dann findet auch ein Wechsel und Eintreten neuer Instrumente statt, wodurch der Klang immer anders, voller und breiter wird. „Ein Herumgehen in verschiedenen Tonarten!" Ja, aber was für eine Modulation! Wir finden hier nicht jenes breitgetretene Herumgehen in den gewöhnlichen Verwandtschaftsgraben, sondern einen Tonartwechsel, welcher zur Zeit Beethoven's vielleicht unerhört kühn und abermals eher geeignet war, einen Schläfrigen aufzurütteln, als einen Wachenden einzuschläfern. Die Stelle geht zuerst aus B-dur, und springt mit einem Ruck nach D-dur um; zum zweiten Male kommt dasselbe zwischen G-dur und F-dur vor. Die eigenthümliche Wirkung dieser Umschläge scheint Ulibischeff gar nicht zu fühlen, oder zu begreifen. Daß dieser ganze erste Satz keinen Effekt mache, haben wir nie gehört oder beobachtet, nur Stumpfsinn oder Gefühllosigkeit kann kalt dabei bleiben. — Wir wollen nun noch Einiges aus diesem Artikel anführen, die Randglossen dazu zu machen aber dem Beethoven-kundigen Leser überlassen.

Der Orgelpunkt auf F, welcher am Anfange des Finales bei dem Hirtengesang der Clarinette und des Horns eintritt, ist nach Ulibischeff reiner Unsinn. Ein Orgelpunkt sei es nicht, weil ein solcher zuerst immer als harmonisches Intervall eintrete. (So!) Ein Nonenvorhalt könne es auch nicht sein, weil die vorgehaltene None sich allezeit in die Oktave, aber nicht in die Dezime auflöse. (Ei!) Eine Vorausnahme könne es auch nicht sein, weil man wohl eine Note, aber nicht einige Takte vorausnähme. Wenn es einem Componisten gefiele, in C zu singen und in F zu accompagniren, so sei das eine Phantasie, der man nicht den Namen Musik geben könne. (Hört! Hört!) — Ulibischeff kommt zur A-dur-Symphonie und schreibt wörtlich Folgendes hin: „Es ist hier der Ort, eine Annahme aufzustellen über die thatsächliche und offenbar absichtliche Trivialität(!)

welche Beethoven zuweilen in den Werken, welche opus 90 (!) übersteigen, vorbrachte. Es scheint mir, daß unter der Feder eines so sehr originellen Componisten, und welcher mehr als jeder Andere zum Motto das odi profanum vulgus genommen hatte, dergleichen nur den Sinn bitterer Ironie haben konnte. Beethoven vergaß, daß der Sarkasmus in der Musik unmöglich ist (?), wenn nicht eine Erklärung dazu kommt, und Witzworte, welche erst erklärt werden müssen, sind nicht viel werth, wie man weiß. Nun denn, diese Riesentreppen (wie Berlioz, wenn wir nicht irren, die aufsteigenden Scalen der Introduction nennt) führen zu etwas sehr Kleinlichem, was sich die Miene gibt, ein Triumphmarsch zu sein. Es ist in der That einer, aber ausgeführt von der Musik der Besatzung zu Krähwinkel (!?), welche zwanzig invalide Soldaten zählt und drei engbrüstige Hoboisten." So spricht Ulibischeff von jener schönen Stelle der Blasinstrumente in der Introduction!! Ueber den Schluß des Allegretto dieser Symphonie läßt sich Ulibischeff folgendermaßen aus: „Betrachtet und weinet! Begreift ihr diesen Bruch des Rhythmus, welcher so elend in der ersten Violine die letzte Wiederholung der Phrase auf dem schlechten Tacttheile verdirbt? Begreift ihr dies fis und gis, begleitet von dem A-moll-Accord? (Oh! Oh!) Begreift ihr den Musiker, welcher den traurigen Muth hat, sein eigenes Meisterwerk so zu verstümmeln, das Reinste seines Genies und seines Geistes den unreinen Krallen der Chimäre (Ausdruck von Lenz) vorzuwerfen, wie man einem Hunde einen Knochen hinwirft mit den Worten: „Da, das ist für dich!" — Im Finale kommt eine Stelle vor, wo die zweite Violine die Töne h, a, gis, fis in Sechzehnteln zu dem Accorde dis, his, a, fis mit Orgelpunkt auf Cis spielt. Ulibischeff beklagt sich, daß die zweite Violine aus F-dur spiele!! Er kennt wohl keine abwärtsgehende Mollscala?! Der große Kenner und Liebhaber Mozart's möge die vierhändige Phantasie in F-moll des Letzteren nachsehen, aber in einer correcten Ausgabe, denn wir haben in der That eine gesehen, wo ein ähnlicher „Weiser die siebente natürliche in die siebente erhöhte veränderte.

Es mögen nun der Beispiele genug sein, obwohl wir noch viel auf dem Herzen hätten. Indessen werden die Leser beurtheilen können, wie Ulibischeff die letzten Werke Beethoven's behandelt, wenn er schon in den anerkannten Meisterwerken der Glanzperiode so viel auszusetzen findet. Sonderbar genug läßt er dem ersten Satze der

Neunten Gerechtigkeit widerfahren, und doch ist sie in dem Zustande vollkommener Taubheit geschrieben. Daß in den letzten Werken einzelne Stellen vorkommen, welche außerordentlich kühn und neu klingen, geben wir zu. Daß indeß hier nicht der Mangel des äußeren Gehöres die Ursache von gewissen Dissonanzen war, sondern ein sehr be=
stimmter Wille, dies ist klar. Ulibischeff sucht daher auch nachzuweisen, wie Beethoven schon früh Spuren von solchem „Eigensinn" gezeigt, und wie seine ganze musikalische Entwickelung darunter „gelitten" habe.

Wir kommen somit auf das zweite wichtige Moment in Ulibi=
scheff's Buche; die persönliche Charakteristik Beethoven's, und sprechen unumwunden aus, daß Ulibischeff den Menschen Beethoven einseitig, rücksichtslos und unrichtig schildert. Er stellt ihn als einen stolzen Grobian, als einen unflätigen Sonderling hin, und wenn er auch zuweilen genöthigt ist den edlen Kern desselben anzuerkennen, so kann man sich doch darauf verlassen, daß gleich ein Nachsatz kommen wird, der die allgemeine Färbung wieder herstellt. Man sucht da umsonst jenes Mitgefühl für den unglücklichen, tief=
fühlenden Künstler, jenes Entschuldigen und gerechte Abwägen, welches von Liebe und, wenn auch nur bedingter, Verehrung zeigt.

Daß der Künstler, der ein hohes Ideal in sich trägt, auch für irgend eine, demselben entsprechende Philosophie eingenommen ist, be=
greift sich leicht. Wenn Beethoven für die platonische Republik schwärmte, was Ulibischeff arg bespöttelt, so gereicht dies weder dem Künstler noch dem Manne zur Schande, und es hat wohl Nie=
mand das Recht ihn deshalb anzuklagen. Mag Beethoven's angeb=
liche Schwärmerei immerhin sonderbar erscheinen, ein Schluß aus derselben auf Beethoven den Künstler ist noch viel sonderbarer. Künstler sind von jeher schlechte Politiker und Diplomaten gewesen, je schlechter, desto besser für sie als Künstler, und für die Kunst*).

Fragen wir nun woher Ulibischeff den Stoff zu diesen Be=
trachtungen gezogen hat, aus denen er so unfehlbare Schlüsse zieht, so erfahren wir Folgendes: Einmal aus den Anecdoten, die in „Sey=
fried's Studien" stehen. Die Leser der Monatschrift wissen, wie Sey=
fried Bücher gemacht hat, wir geben nunmehr auch keinen Deut. für die Wahrhaftigkeit seiner Erzählungen. Ferner aus Wegeler

---

*) Heutzutage trifft man freilich Künstler, die mehr Diplomaten als Musiker sind. Unsere Kunstzustände sind aber auch darnach.

und Ries: „biographische Notizen über Beethoven." Ries ist uns von jeher tadelnswerth erschienen, weil er, um die Welt zu amüsiren, — auf Kosten eines Mannes, welcher ihm unendlich viel Liebe und Nachsicht gezeigt hat, — Anekdoten in Druck gegeben hat*), die weder entschieden glaubwürdig, noch vorsichtig stylisirt sind, und keineswegs eine Pietät verrathen, welche ein Ries einem Beethoven gegenüber schuldig gewesen wäre. Ries bedachte nicht, daß eine gedruckte Erzählung, in der dieselben Worte gebraucht sind, wie in einer lebhaften mündlichen, sich leicht sehr hart ausnimmt und zu Schlüssen führen kann, wie sie eben leider Ulibischeff gezogen hat. Uebrigens stehen die Erzählungen Ries, mit denen Seyfried's oft geradezu in Widerspruch. — Aber selbst abgesehen von diesen Anekdoten, welche Ulibischeff in der herbsten Weise ausbeutet, bieten doch jene Bücher auch Stoff genug zu einer gerechteren Beurtheilung Beethoven's. Wie viele Briefe an Wegeler, Ries, Breuning u. s. w. zeugen von Beethoven's gutem Herzen, von seiner Versöhnlichkeit u. s. w. — Eigenschaften, welche seiner Heftigkeit mehr als die Wage halten. Aber Ulibischeff wollte ja die schlimmsten Seiten benützen, um seine Schlüsse daraus ziehen zu können. Ein solches Verfahren halten wir für sehr tadelnswerth.

Es erübrigt nun noch den dritten Punkt zu berühren: den Einfluß Beethoven's auf seine Nachfolger. Ulibischeff hat nichts weniger im Sinne, als Beethoven für alle jetzigen Verwirrungen in den Prinzipien der Tonkunst verantwortlich zu machen, da er zuerst musikfremde Elemente in das Bereich der reinen Instrumentalmusik gezogen, dieselbe dadurch getrübt und all' jenem Unsinn Thür und Thor geöffnet habe, der sich seither in Schrift und That gezeigt haben soll. Es ist richtig, daß manche „Ausleger" Beethoven's zu weit gegangen sind, besonders wenn sie es als nothwendig hinstellten, seine letzten Werke als Ausgangspunkt für die neuere Musik anzunehmen. Allein was hat diese Beobachtung mit Beethoven selbst zu schaffen? Jeder große Mann hat Nachäffer und Phantasten gefunden, die sich an besonders hervorstechende Außenseiten klammerten. Ist deshalb Beethoven minder groß? — Unsere Meinung aber in Betreff der neueren Kunstentwicklung ist diese: Jeder Mensch, jeder Künstler hat das Recht, ja die Pflicht seine Individualität innerhalb

---

*) Wofern die Schuld nicht auf Wegeler fällt.

der Grenzen des Berechtigten, der Letztere zugleich innerhalb der Grenzen des Schönen auszubilden, bis zur Spitze auszubauen. Die Welt verwundert und erfreut sich deß, und wer es kann, bemüht sich es nachzumachen, d. h. seine Individualität ebenfalls auszubilden *). Nun! Beethoven ist eine Spitze, seine letzten Werke sind die nothwendigen Gipfelpunkte seines Entwicklungsganges. Auf Spitzen und Gipfel kann man nicht weiter bauen, dies scheint uns klar. Es ist aber auch gar nicht nöthig, denn das Feld der Kunst ist groß, und in einiger Entfernung kann ein anderer Bau sich zu respektabler Höhe aufgipfeln. Dieses haben einige deutsche Componisten bewiesen, von welchen jedoch Ulibischeff in seinem ganzen Buch entweder gar nicht, oder nur so obenhin spricht. Sie heißen: Schubert, Mendelssohn und Schumann. Vom ersteren kennt Ulibischeff nur die allerbekanntesten Lieder, und meint, auch die übrige Welt kenne weiter nichts. Zufälligerweise ist aber Schubert nicht blos „chansonnier", und hat sich in der Kammermusik hauptsächlich an Beethoven hinaufgerankt, ohne dabei seine Eigenthümlichkeit aufzugeben. Mendelssohn scheint sich zwar äußerlich weniger an Beethoven gebildet zu haben, aber eine innere Verwandtschaft ist doch nirgend zu verkennen. Seine A-moll-Symphonie könnte eben so gut einen Commentator finden als die „Neunte", <u>und in seinen Trios und Quartetten ist die durch Beethoven errungene größere Freiheit der Formbildung ganz beutlich</u> zu finden. Schumann ruht wieder mehr auf Schubert und Mendelssohn, — aber er ist so gut wie die Anderen von Beethoven'schem Geiste berührt, und alle Drei dürfen seine echtesten Nachfolger genannt werden. Von ihnen spricht Ulibischeff, wie gesagt, durchaus nicht, ihre Beziehung zu Beethoven läßt er ganz bei Seite, und hält sich blos an den Franzosen Berlioz, an die russischen Ausleger (Lenz u. A.), an den Romanschriftsteller Griepenkerl und an die „Zukunftsmänner." Und was diese aus Beethoven machen, was diese aus ihm folgern, das ist es, woraus er Schlüsse auf Beethoven zurückzieht. Ein solches Verfahren aber widerspricht der gesunden Vernunft, obwohl die Bemerkungen Ulibischeff's über diese Nachfolger Beethoven's an sich richtig, geist- und lehrreich sind. — Wie

---

*) „Keiner sei gleich dem Andern, doch gleich sei Jeder dem Höchsten! Wie das

sonderbar Ulibischeff's Ansichten über neuere Musik überhaupt, wie kindisch in manchen Punkten sein Geschmack ist, darüber gibt unter anderen folgende Stelle einen eigenthümlichen Beleg. Nachdem er sich in Lobeserhebungen von Hummel, Moscheles und Thalberg ergangen, spricht er die Meinung aus, „es gäbe in der Concertmusik keine Werke von Dauer, so lange der Mechanismus der Ausführung und der Construction der Instrumente im Fortschreiten begriffen sei. Irgend eine Entdeckung oder eine Vervollkommnung in diesen beiden Rücksichten mache sogleich die vorausgegangenen Werke verarmen; denn das Ohr, indem es sich an die Resultate dieser Entdeckung oder Vervollkommnung gewöhnt, vermisse etwas in der Musik, wenn die neuen Errungenschaften(!) nicht angewendet sind. Dies sei der wirkliche Grund, warum unsere Heroen des Claviers: Mozart, Beethoven, Moscheles (! quid Saulus inter prophetas?) u. A. von unserer Zeit ganz vernachlässigt würden. Die wahren Liebhaber spielten sie noch bei sich(!), aber man spiele sie nicht mehr öffentlich, mit Ausnahme von Hummel und Weber. Dies sei traurig, aber auch unvermeidlich, Angesichts der Riesenschritte, welche das Clavier nach ihnen gemacht habe!"

Nun das klingt ja ganz zukünfterisch, ganz Bulow'sch! doppelt sonderbar aus dem Munde eines enragirten Mozartianers! Sollte man hieraus nicht mit Recht folgern, daß Ulibischeff's Art Musik zu hören und zu beurtheilen eine oberflächliche, mehr auf das Sinnliche, äußerlich Prunkende, als auf das Geistige gerichtet sei?! — Der obige Satz aber ist falsch. Nicht deshalb wird Beethoven vernachlässigt, weil etwa seine Claviermusik veraltet klingt (denn dies ist nicht wahr), sondern weil sie sehr durchgebildete, feinfühlende musikalische Spieler erfordert, welche leider selten sind; — weil das Spiel der Beethoven'schen Concerte zu den höchsten Aufgaben zählt, die nur der Genius zu bewältigen vermag. — Wir hoffen und glauben, daß diese Concerte auch in Rußland noch zur Geltung kommen werden, wenn sich einmal Virtuosen dorthin begeben werden, die nicht blos russisches Gold und russisches Lob holen wollen, — und wenn das dortige Publikum genügend vorgebildet sein wird. Bis jetzt scheint dieser Zeitpunkt noch ziemlich fern zu liegen, wenn selbst ein Mann wie Ulibischeff das A-moll-Concert von Hummel heutzutage noch das einzige Clavierconcert nennt, welches Thränen vergießen gemacht hat, wenn er **Moscheles** mit **Beethoven** zusammenwirft, und **Rossini**, vielleicht auch **Meyerbeer** u. A. über **Beethoven** setzt. Wie es in den Wald hinein, so schreit es heraus. Wenn wir Deutschen unsere größten Meister vom Ausland her lächerlich machen sähen, und uns das immer geduldig gefallen ließen, so verdienten wir auch nicht einmal g e i st i g eine Nation zu heißen. — Einstweilen glauben wir nicht, daß U l i b i s ch e f f's Buch Beethoven auch nur e i n e n Bewunderer rauben wird, ein solcher müßte denn nie ein aufrichtiger gewesen sein!!

II. Neue Compositionen.

Riehl's Hausmusik. (1856.)

Wir sollten wohl der Familie, dem musikalisch-christlichen Haus" Glück wünschen zu dem Erscheinen eines Werkes, welches eine langgefühlte (?) Lücke endlich auszufüllen verspricht! Der musikalische Schriftsteller Riehl hat sich der Unglücklichen erbarmt, die sich aus dem Strudel der „blasirten" Welt in das „Haus" retten, um da den Cultus „ehrlicher und schlichter Musik" zu betreiben. In einer sechzehn Folioseiten langen Einleitung, „des Tonsetzers Geleitsbrief," sagt er ganz deutlich, was er gewollt hat, und legt sogleich eine Lanze ein gegen die, welche es wagen würden, seine musikalische Berechtigung zu bezweifeln. Wir ersehen aus dieser Einleitung unter Anderem, daß Riehl sich „technisch sicherer weiß im Notenschreiben als im Bücherschreiben" (!?) und daß er „früher und auch fast in strengerer Zucht der Schule (d. h. nach H a y d n's und H ä n d e l's Vorbild) zum Tonsetzer sich ausbildete, als zum Schriftsteller," ferner daß Schubert „aus dem Erlkönig im offenbarsten Widerspruche mit Göthe's Dichtung eine dramatisch-declamatorische Concertphantasie gemacht hat (!), dann daß man „in u n s e r e r Z e i t meist Clavieretuden mit Begleitung einer Singstimme setzt und dieselben Lieder nennt." Wir wissen nicht, wie weit der musikalische Reactionär Riehl mit dem Begriffe „unsere Zeit" geht; vielleicht rechnet er Schumann, Mendelssohn und Schubert auch zu jenen „Saloncomponisten;" wenigstens dürfte man aus Riehl's Worten diesen Schluß ziehen, wenn er sagt: „Unsere v o r f ü n f z i g J a h r e n (!) noch so kerngesunde und

Mehreres wäre aus dieser Einleitung anzuführen; allein wir fühlen uns an diesem Orte doch vor Allem zur Kritik der Riehl'schen Musik berufen, nicht zur Kritik seiner Ansichten, welche sonst unvermeidlich wäre.

Und so müssen wir uns denn, was jene anbelangt, sogleich feierlichst gegen die Zumuthung verwahren, in den fünfzig Liedern dasjenige finden zu sollen, was wir Hausmusik nennen möchten. Riehl mag immerhin nicht mit Unrecht manches Lied von neuerem Datum trivial, salonmäßig, gesinnungslos finden, — wir können dagegen die seinen nicht anders als poesie-, erfindungs- und geschmacklos nennen und können nur wenige von diesem Urtheil ausnehmen. Das Wesen des Liedes oder der Hausmusik ist allerdings Einfachheit und Natürlichkeit; aber philiströse Trockenheit, Pedanterie, Formen- und Gedankenarmuth, Dilettantismus sind nicht identisch mit jenen. Wenn Riehl das Wesen gesungener Hausmusik in der Liedform und zwar speciell im Strophenlied findet, so haben wir dagegen principiell nichts einzuwenden. Dagegen muß man von einem guten Strophenlied vor Allem prägnante klare Form, reizvolle Melodie verlangen und davon haben wir in Riehl's Hausmusik wenig gefunden. Warum aber jedes Strophengedicht auch als Strophenlied behandelt werden müsse, warum es dem Musiker nicht erlaubt sein soll, Nuancen des Gedichtes auch musikalisch fein wiederzugeben (etwa durch den einfachen Gegensatz von Dur und Moll; — wie Mendelssohn das Uhland'sche „O Winter, schlimmer Winter" — „O Sommer, schöner Sommer" sinnig wiedergegeben hat), das vermögen wir nicht zu begreifen. Will der Componist die Gegensätze nicht hervorheben, sondern sie durch die eine Melodie des Strophenliedes aufheben, so muß diese wenigstens derart sein, daß sie keinen augenscheinlichen Widerspruch zu den Worten bildet, und hier heißt es eben „den rechten Ton treffen." Riehl hat diesen rechten Ton nicht getroffen, wie z. B. Nr. 11 „der verschwundene Stern" sattsam zeigt. Die Melodie entspricht dort zwar einigermaßen der unschuldigen Freude, die in den drei ersten Strophen ausgesprochen ist; wie sie aber der vierten Strophe, in welcher das Verschwundensein des Sternes beklagt wird, entsprechen soll, das begreifen wir nicht. Dagegen enthalten die beiden Strophen (oder Absätze) des Heine'schen „Du bist wie eine Blume" durchaus keine Gegensätze und geben daher keine Veranlassung zu einer tonartlichen und zugleich rhythmischen Veränderung, wie Riehl sie angewendet hat.

Wo ist da die Einheit der Stimmung, auf die er sich so viel zu Gute thut? Nebenbei gesagt, ist in diesem Liede der Beweis geliefert, daß Riehl wenig von jener feinen musikalischen Empfindung besitzt, die gerade viele unserer neuen Liedercomponisten auszeichnet. Es fehlt ihm unseres Erachtens geradezu die Fähigkeit, die Stimmung eines Gedichtes in die analog musikalische zu übersetzen, welche Fähigkeit doch gerade das Kriterium des Gesangcomponisten ausmacht. Wer uns das nicht aufs Wort glaubt, der sehe Nr. 7 „Geistesgruß;" und wenn man da nicht mit uns überrascht ist über den geisterhaften Ton, der in der ganzen Musik, namentlich aber im Ritornel durchklingt, so wollen wir im Büßerhemd vor Riehl's Thüre Abbitte thun. — So ist ebenfalls die Behandlung der „Meeresstille" eine ganz vergriffene; — dieses fortwährende Gemurmel im Basse klingt eher wie fernher heulender Sturm, und wie überdies diese sechs Tacte langen Crescendo's zu den Worten: „glatte Fläche rings umher" oder „reget keine Welle sich" passen sollen, ist schwer zu begreifen. — Einen weiteren Beleg für unsere hart scheinende Behauptung dürfte man in der Behandlung des Bürger'schen „Bauer" finden. Dieser Text voll Ingrimmes über getretenes Menschenrecht, — und diese Melodie, die eher einem lustigen Gelag oder einem fröhlichen Soldatenmarsch entspräche, wollen sich doch gar nicht zusammenreimen; denn es handelt sich hier doch wohl um die Stimmung des Bauers, nicht um die Ausgelassenheit des jagenden Fürsten. — Nr. 14 „des Seemanns Gebet" ist nicht besser. Ein Tondichter muß die Mittel der Darstellung in einem Maße besitzen, daß er jeder unpassenden Form ausweichen kann. Riehl besitzt entweder diese nicht, oder es gebricht ihm an feiner Beurtheilungsgabe, denn so deutliche und triviale rhythmische Einschnitte harmoniren gar nicht mit der Ungewißheit und Größe der Situation; und wenn ferner der Seemann auch gefaßt ist und vor dem Tode nicht kindisch zittert, so ist es doch künstlerisch unschicklich, ihn zum Gebete gleichsam in Frack und Glacéhandschuhen hintreten zu lassen. Wir bitten diese Einleitung zu spielen und glauben dann verstanden zu werden; — oder sollte wirklich jemand nach derselben einen Gesang erwarten, in welchem es heißt: „Nirgends Rettung, nirgends Land!??" — Von derselben Qualität sind die Nummern 35, 36, 38, 39, 40, 42, 45 und 49. Dagegen gestehen wir den Nummern 1, 2, 22, 26, 31, 37 und 48 wenigstens in Betreff der Melodien und ihres Charakters mehr Werth zu; ja es ließen sich aus diesen durch verschiedene Abänderungen recht annehmbare Lieder gestalten. Daß Riehl das Fehlende und in der Form Unvollkommene nicht selbst erkannt und verbessert hat, liefert uns den Beweis, daß seine Bildung nur eine dilettantische sei, oder daß ein hoher Grad von Selbstgefälligkeit ihn hindert, Besseres zu Stande zu bringen.

Einen recht unangenehmen Eindruck haben uns die Vorspiele gemacht, die Riehl jedem Liede vorzusetzen für gut fand, und die wirklich nicht armseliger sein könnten; vielfach haben sie uns an die Vorspiele der herumziehenden Harfenisten erinnert. Die Mehrzahl derselben bildet abgeschlossene Sätze, worauf nach der herkömmlichen Pause der Gesang pedantisch anhebt. Riehl könnte auch in dieser Beziehung von Schubert, Mendelssohn u. A. viel lernen.

An Periodenbau und rhythmischer Gliederung wäre viel zu tadeln. Statt Allem wollen wir nur Nr. 9 („der Jüngling am Bach") in dieser Rücksicht besprechen. Dieses Lied ($^6/_8$ Tact, Andante) gestaltet sich folgendermaßen: 6 Tacte Einleitung, dann zweimal 5, dreimal 4, einmal 5, 4, und nochmals 5 Tacte. Wenn ein Componist solch unsymmetrisch Wesen nicht selbst übel empfindet, dann steht es schlimm um sein Fühlen und Wissen, denn dies gehört zum ABC des Componisten; am wenigsten darf sich der Liedercomponist über die Forderung normaler Bildung hinaussetzen.

Wie es mit Riehl's harmonischer und modulatorischer Bildung und technischer Gewandtheit steht, darüber kann man aus diesen Liedern sonderbare Betrachtungen schöpfen; — der Dilettant sieht überall heraus. Obwohl er sich in der Einleitung beklagt, daß heut zu Tage „die Gesetze des Generalbasses und des Contrapunktes nur noch für Schulknaben gelten," setzt er doch häufig so, daß man ihn wie einen Schulknaben corrigiren möchte; er macht Quinten und Octaven ärger und häßlicher als die von ihm vielgeschmähten „Zukunftsmusiker" — sein Baß ist häufig ungeschickt, seine Uebergänge unfrei, steif, mitunter geradezu übelklingend.

In Bezug auf musikalische Declamation müssen wir die argen Verstöße rügen, welche in den Nummern 10 und 49 gegen die einfachsten Regeln für Länge und Kürze, für betonte und nichtbetonte Sylben und Tacttheile gemacht wurden.

Verwahren müssen wir uns schließlich gegen den Claviersatz Riehl's. Leerheit einer-, unschöne Verdoppelungen andererseits, zu häufige Terzen- und Sextengänge, oft durch Octaven noch widriger gemacht, sind, nebst zu tiefer Lage, die Gebrechen, welche uns fast in jedem Liede begegnen. Komisch ist es, daß Riehl sich in der Einleitung über einen Claviercomponisten lustig macht, welcher über eine Stelle „quasi Oboe" schrieb, — und doch selbst in Absurdes verfällt, wie in Nr. 2, wo er eben so gut hätte hinschreiben sollen: „quasi Trombe e Tympani." Wir können überdies versichern, daß diese Trompeten und Pauken auf dem Clavier herzlich schlecht klingen.

Wenn manchem Leser diese Kritik zu hart erscheinen sollte, so möge uns die erstaunliche Prätension entschuldigen, mit welcher diese Lieder vom Verfasser selbst in die Welt gesendet wurden, eine Prätension, die um so rügenswerther erscheint, da das deutsche Volk seine bisherige **gute** Hausmusik schwerlich zum Fenster hinauswerfen wird, — Herr Riehl mag nun Bücher oder Noten schreiben.

Moritz Hauptmann's Motetten für Chor und Solostimmen Op. 40 und 41; dann geistliche Gesänge für Cor. Op. 42. (1857).

Nicht leicht kann dem Kritiker über Musikwerke eine schönere und zugleich schwierigere Aufgabe gestellt werden, als die, welche wir heute zu lösen haben. Das **Schlechte** an einer Composition läßt sich meist haarscharf nachweisen; und wenn auch manche Leute geneigt sind, gerade das **Schlechte** geistreich, löblich, interessant und schön zu finden, so wird doch die Majorität der Zeitgenossen und Nachkommen solch verkehrt Urtheil verwerfen. Aber einer **guten schönen** Composition ist es viel schwerer den **innern Grund** abzulauschen, warum sie gut und schön ist; und noch schwerer denselben abstract darzustellen. Die schöne Harmonie der Theile untereinander, den geistigen Hauch, der ein Kunstwerk belebt, fühlt der **Hörer** durch; man begreift ein solches Werk leicht, ja meint oft es könne nicht anders sein. Aber, wenn man messen und ergründen will, wie etwa bei einer schönen Architektur, dann erkennt man die Unzulänglichkeit der musikalischen Theorie gegenüber dem Geistesproduct, welches in guter Stunde, dem Schöpfer desselben selbst zur Ueberraschung und Freude, aus seiner Phantasie hervorsprang.

Das **Schöne** und **Erfreuliche** unserer Aufgabe besteht darin, daß uns Gelegenheit gegeben ist, eine Anzahl schöner **Tonstücke** zu zergliedern, und eine ganze Gattung zu besprechen, welche unseres

Erachtens heutzutage lange nicht genug geschätzt ist: den vier- und mehrstimmigen **Chorgesang ohne alle Begleitung**, welcher ohne Zweifel der Kirche und ihren Absichten am meisten entspricht; ferner darin, daß wir einmal recht vom Herzen der Kunst und der Kunstwelt Glück wünschen dürfen — dazu, daß die edle Musik noch nicht so gar verloren ist, wie gewisse superkluge Culturhistoriker, die freilich selbst nur Mißgeburten hervorbringen, der Welt glauben machen möchten.

Man war oft geneigt anzunehmen, daß der Protestantismus keine Kirchenmusik besitzt, als den Gemeindegesang (der freilich nicht immer und überall als **schöne Kirchenmusik** gelten kann) und das Orgelspiel.

Allerdings sah es in Sachen der protestantischen Kirchenmusik eine geraume Zeit traurig genug aus. Der alte S. Bach war todt; seine Motetten und Cantaten verschimmelten fast in der Thomanerbibliothek und anderwärts; seine Nachfolger konnten den Schlüssel nicht finden und brachten lieber ihre eigenen „ansprechenderen" Werke, wobei weder der Thomanerchor noch dessen Director sonderlich geplagt war. Unglücklicherweise kam gerade zu jener Zeit Mozart nach Leipzig, und wir wundern uns nicht, daß ihm das, was er dort hörte, nicht gefiel, und daß durch seine Mittheilung eine ziemlich üble Meinung in der musikalischen Welt verbreitet wurde. Auch außerhalb Leipzig wurde für die protestantische Kirche wenig Bedeutendes geschaffen, und es schien in der That, als ob dem Protestantismus die kirchlich-poetische Ader versiegen wollte. Heute stehen die Sachen besser. Der Thomanerchor wenigstens hat seine Aufgabe wieder begreifen gelernt, und die Bach'schen Motetten hört man, nebst anderen trefflichen Musikstücken, in Leipzig am öftesten und besten.

Der gegenwärtige Musikdirector dieses Chores ist Hauptmann, dessen neueste Motetten uns zu obigen Bemerkungen angeregt haben. Wir dürfen dieselben ungescheut als eine sehr schätzenswerthe Bereicherung der protestantischen Kirchenmusik bezeichnen, ja als jene Kirchenmusik, wie sie das geläuterte musikalisch-kirchliche Zeitbewußtsein, wie auch ein ernst religiöses Gefühl überhaupt verlangt. Die Fugenform, welche in den Bach'schen Motetten vielfach benützt ist, ist hier, wie fast überhaupt in der neueren Musik, einer freieren Form gewichen, welche zwar die lebendige Theilnahme jeder Stimme an dem Melodischen beibehält, aber die Engherzigkeit eines einzigen Motivs vermeidet, und dabei überdies der oft ermüdenden Textwiederholung entgeht.

Die erste Bemerkung, die man gleich nach den ersten Tacten dieser Motetten machen wird, ist die merkwürdige Einheit von Text und Musik; es sind hier in der That nicht zwei Elemente so gut es gehen will zusammengekoppelt, — die Musik bedeutet hier nicht, wenn man so sagen darf, sie ist Wort und Gedanke selbst. Belege hierfür werden weiter unten folgende Beispiele darbieten. Die zweite Bemerkung, daß eben Alles so geht wie es gehen muß, und man doch durch diese Schönheit der Form, diesen Wohlklang, diesen Ernst, dieses sinnige Anschmiegen der Musik an jede Nuance des Gedankens überrascht wird. Hauptmann sucht, um den rechten Ausdruck zu finden, nicht in den entlegendsten Tonarten und Harmonien herum, nach dem allerneuesten Geschmack Jener, die ihre Excentricität für Originalität, und wüst für schön halten; seine Harmonien klingen ganz logisch, was freilich in den Augen mancher Leute ein Fehler, mindestens eine Armseligkeit ist.

Demuth, innige Liebe zu dem Urheber aller Dinge, bis zum Jubel und Entzücken gesteigerte Freude bei dem Gedanken an Ihn und Den, welchen Er gesandt hat, sind die Objecte, welchen die Musik in Zartheit, sinnigen Wendungen und Schwung ganz conform ist.

Die erste der drei Motetten op. 40 ist in ernst ruhiger Weise gehalten, beginnt so:

zieht dann feierlich mit Crescendo's bei den wiederholten Worten: „erhöre mich" dahin und sinkt wieder in leise Klänge der Demuth zurück. Dem gegenüber spricht sich in einem Zwischensatz in cis-moll mit stehenbleibenden, nur langsam sich fortschiebenden Harmonien die Zaghaftigkeit sehr schön aus:

In der Mitte ist eine Stelle durch eine schon dagewesene, aber hier ganz treffend angewendete Modulation von sehr schöner Wirkung:

Die zweite Motette, im Unisono des Chores beginnend, und mit Macht sich im dritten Tacte in den vollen Strom vierstimmiger Harmonie entfaltend:

ist ein tüchtiges Stück Musik, welches Jeden erfreuen muß. — Sehr eigenthümlich in der Wirkung ist Nr. 3: „Walte, walte nah und fern, allgewaltig Wort des Herrn"; in B-dur mit eingestreuten Solostellen. Es liegt eine stille, aber durchdringende Wirkung, eine gewisse Sättigung in diesem Stück, welche nur empfunden, genossen, aber nicht beschrieben werden kann. Die erste der Motetten op.. 41 „Christe, du Lamm Gottes," in welcher der sehr kurze Text den Componisten zu vielfachen Wiederholungen der Worte nöthigte, ist gleichwohl zu einem schönen Musikstück gestaltet. Es beginnt in D-moll, und erhält durch den Schlußsatz in D-dur für das Soloquartett mit abwechselndem Chor eine wohlthuende milde Färbung. Im Verlaufe wiederholt sich eine Accordfolge, die ihrer Eigenthümlichkeit und Schönheit wegen hier nicht vergessen werden soll:

Nr. 2 „Gott sei uns gnädig und barmherzig" in F-dur, wo durchaus Soloquartett mit Chor abwechselt und sich verschlingt, ist kunstvoll gearbeitet, und bringt rhythmische Verschränkungen, die man bei Hauptmann sonst selten findet:

Im Ganzen nähert sich dieses Stück am meisten altitalienischen Mustern, z. B. in Stellen wie diese:

wenn es auch in gewissen Modulationen die neuere Schule deutlich verräth.

Nr. 3 dünkt uns die allerschönste von den sechs Motetten. Wie da die Harmonien sich drängen, und die Stimmen hoch hinauf steigen zum Lobe des Ewigen; und wie dies noch durch eine sehr treffende und wirkungsvolle Rhythmik unterstützt wird:

Ein Mittelsatz in B-dur ⁶/₈ Tact für Soloquartett und Chor bildet einen wirksamen Gegensatz und nimmt in der Mitte eine merkwürdige Gestalt an: die Gebrechlichkeit des Menschen gegenüber der „ewig währenden Gnade des Herrn" ist musikalisch durch einen langen Orgelpunkt wiedergegeben, der sich auf den D-dur-Dreiklang stützt, mit welchem vorzugsweise C-moll abwechselt; eine tiefe Unisonostelle des Chores, die bald zu erhöhtem Leben anzuschwellen sucht, bald aber ganz zu verlöschen droht, correspondirt mit dem Soloquartett, welches endlich wirklich verstummt, worauf der Chor in sanften Trauertönen die „verlorene Stätte beklagt; Alles noch auf jenem D; da tritt sanft, aber rasch anschwellend das Soloquartett mit dem Tone f sich nach B-dur entfaltend ein, mit den Worten: „Die Gnade des Herrn aber währet in Ewigkeit," welchen Satz sogleich der Chor aufnimmt; und nun wird dieses Motiv in fortwährendem Wechsel zwischen beiden Gesangskörpern auf eine ebenso einfache als wirksame Weise wiederholt und gleichsam bestätigt. Dieser Mittelsatz ist so gelungen, und die Lösung so reizend, daß wir darüber gerne die ziemlich bedeutende Länge

— Reminiscenz übersehen. Jene Unisonostelle des Chores sieht nämlich — unser kritisches Gewissen nöthigt uns dies zu sagen — einer Mendelssohn'schen Chorstelle sehr ähnlich.

Die 6 geistlichen Gesänge für Chor, op. 42, unterscheiden sich von den Motetten erstens durch kleinere, kürzere Formen, dann durch lyrisch gereimte Textesworte und strophische Behandlung, welche sie weniger für die Kirche als für anderweitigen Gebrauch bestimmt erscheinen lassen. Aber sie sind deshalb nicht minder schön. Die Motetten müssen sich immer den gefährlichen Vergleich mit den riesigen achtstimmigen Motetten S. Bach's gefallen lassen, und in solcher Stellung wird, was Höhe und Größe anbelangt, leicht auch das vorzüglichste Werk gedrückt erscheinen. Aber diese geistlichen Lieder haben sich weder vor Mendelssohn noch irgend Jemanden, der Aehnliches geschrieben, zu scheuen. Hier, wo es weniger galt anstaunungswürdige Kraftwerke zu schaffen, welche nun einmal, wie in der Baukunst so auch in der Musik, nur von einer vorübergegangenen Epoche hervorgebracht zu werden bestimmt scheinen, — hier konnte Hauptmann die ganze Liebenswürdigkeit seiner Muse, diese Innigkeit, Feinheit und zarte Frische entfalten. Wir sagen nicht zu viel, wenn wir Jeden bedauern, der nicht in der Lage ist diese sechs Lieder schön gesungen zu hören, selbst mitzusingen, oder sich lesend darin zu erquicken. Ja wir möchten jedem Gesangverein ein Vergehen daraus machen, wenn er dieselben nicht zu den Hauptstücken seines Repertoirs zählt. Wir müßten auch keinen von den sechsen besonders hervorzuheben, oder in Schatten zu stellen, — sie sind alle reizend und werthvoll.

Hier am Schlusse fällt uns eben ein, daß diese Compositionen auch ein merkwürdiger Commentar zu Hauptmann's Buch: Harmonik und Metrik sein könnten. Wir waren, nachdem wir uns dem ersten Eindruck völlig hingegeben hatten, sehr gespannt, ob wir vielleicht so etwas von eigenthümlichen Auflösungen der Septime u. dgl. finden würden, wie sie Hauptmann in seinem Buch aufstellt. Und in der That, wir haben Einiges gefunden, was das Bedenken oder den Zorn der Herren von der unfehlbaren Theorie erregen könnte. Gleich in der ersten Motette setzt der Baß nach dem vierten Tact (siehe das obige Notenbeispiel) sans gêne mit Fis ein, und es wird der ganze Satz strictissime in Fis-moll wiederholt. „Wo ist denn da die Septime a hingekommen?" wird Mancher fragen. Wir, unserer bescheidenen Meinung nach, glauben allerdings auch, daß dieses a im Tenor im vierten Tacte durch ein h hätte ersetzt werden können, denn sonderbar klingt die Fortsetzung in Fis-moll immer. Andere interessante Fälle finden sich in Nr. 2 der ersten Folge der Motetten Tact 8 und 9. Dann in Nr. 3 Tact 7—9, wo freilich ein oben liegender Orgelpunkt angenommen werden kann. In Nr. 1 ist uns noch (Tact 31 von rückwärts) eine sehr freie melodische Wendung, wenn man will eine Anticipation, aufgefallen, die Manchem unkirchlich, modern erscheinen dürfte:

Wir hielten dieses h anfänglich für ein versetztes a, fanden aber in den Stimmen die Bestätigung des h. Sehr schön haben wir die Wirkung eines $\frac{7\ 6}{4\ -}$ Accords in Nr. 1 (Tact 11 und 15 von rück-
$3\ -$
wärts) gefunden, wo durch den Vorhalt vor der Sexte ein sehr bedeutsames Gewicht auf das Wort: Gericht gelegt ist.

Wenn wir irgend etwas in diesen Compositionen nicht vertreten könnten, so wäre es die fast zu freie Behandlung der Textabschnitte. Hauptmann läßt einige Male eine zweite Stimme die Fortsetzung eines Satzes singen, bevor noch die erste mit dem zum Verständnisse nothwendigen Vordersatze fertig ist, z. B. in Nr. 2 der „geistlichen Gesänge," Tact 5 und 6. Dies scheint uns ein Verstoß gegen die Gesetze der musikalischen Declamation.

Franz Liszt's Preludes.

(April 1857).

Beethoven hat bekanntlich in seiner ganzen Lebenszeit und in nicht kurzen Zeiträumen neun Symphonien geschrieben, von denen jede in ihrer Art ein Meisterstück, d. i. musterhaft in der Form und höchst bedeutend und reich an Inhalt ist. Daß die musikalische Fruchtbarkeit seit jener Zeit sehr zugenommen haben muß, beweisen die neun „symphonischen Dichtungen," welche Lißt so zu sagen auf einmal zur Welt gebracht hat, und von welchen uns Nr. 3 diesen Winter zu Gehör gebracht wurde. Bei dem Streite der Parteien, welcher nach der Aufführung sowohl im Publikum als in den Tagesblättern darüber entbrannte, dürfte es rathsam sein, den eigentlichen Werth dieser neuen Erscheinungen durch gewissenhafte Analyse bestimmen zu helfen.

Eine „symphonische Dichtung," wie Lißt diese Compositionen nennt, kann sich von einer Symphonie nur durch eine freier gewählte Form und einen poetisch ausdrücklich bestimmten Inhalt unterscheiden. Man kann gegen eine freiere Form nichts Triftiges einwenden, so lange sie nur immer eine Form bleibt. Auch gegen die sogenannte Programm-Musik sind wir nicht unbedingt eingenommen, sofern es sich nur um einen Vorwurf handelt, der an sich schön und zur musikalischen Behandlung geeignet ist, besonders aber wenn derselbe mehr angedeutet als ausführlich mitgetheilt wird.

Was aber eine „symphonische Dichtung" mit einer Symphonie und überhaupt mit jeder orchestralen Musik gemein haben muß, das sind: bedeutende, den aufgebotenen reichen Mitteln entsprechende Gedanken, Reichthum an schönen charakteristischen Motiven und ein wahrhaft polyphoner Charakter, d. i. Reichthum im Gleichzeitigen, interessante Stimmführung und Stimmverwebung. Die anderen Erfordernisse eines guten Orchesterwerkes: gewählte und überraschende Instrumentation, d. i. Reichthum der Tonfarben u. A. stehen erst in zweiter Linie, und werden nicht im Stande sein den Abgang der in erster Linie stehenden zu ersetzen.

Lißt's Orchestermusik gehört zu der Gattung, in welcher das fehlende Erste durch das Zweite zu decken versucht wird. Wir geben zu, daß sie sich dabei vor Stücken anderer Componisten durch geistreichere Momente, ja mitunter durch wirklich poetische Intentionen auszeichnet. Nimmermehr aber können wir dem im Wesentlichsten, in Form und Inhalt verfehlten Ganzen einen reellen bleibenden Werth zugestehen.

Wir versuchen es nicht Jene zu bekehren, welche in ihrer Abneigung gegen das Schablonenartige dieses mit dem Formgerechten verwechseln, welche ein absolut Neues wollen und dieses eben nur bei gänzlichem Brechen mit der Form erwarten zu dürfen glauben. Wer aber das Bedürfniß derselben nicht anerkennen will oder kann, der hat überhaupt keine Idee von Kunst. — Eine Vorlesung darüber würde uns hier zu weit führen, und wir müssen uns auf Anführung e i n e s Hauptsatzes beschränken, welcher mit Recht verlangt, daß Ver= schiedenartiges durch Einheit des Allgemeinen (Tact, Tempo, Tonart) in Beziehung zu einander trete. Wie Lißt diese Einheit auffaßt, da= von wird folgende Uebersicht der Tact= und Tempogestaltung dieses Opus Zeugniß ablegen:

1. Andante, ⁶/₄ Tact, C-dur, 34 Tacte.
2. Andante maestoso, ¹²/₈ Tact, C-dur, 12 Tacte, Einleitungssätze.
3. L'istesso Tempo, ⁶/₈ Tact, C-dur, 16 Tacte. Erstes Hauptthema.
4. L'istesso Tempo, ¹²/₈ Tact, Uebergangstonarten, 4 Tacte.
5. L'istesso Tempo, ⁶/₄ Tact, 42 Tacte, E-dur. Zweites Hauptthema.
6. Allegro ma non troppo, Alla breve-Tact, 22 Tacte.
7. Allegro tempestuoso, ¹²/₈ Tact, A-moll, 51 Tacte.
8. Un poco più moderato, ⁶/₄ Tact, B-dur, 18 Tacte. Erstes Thema.
9. Allegretto pastorale, ⁶/₈ Tact, A-dur, 145 Tacte.
10. Allegro marziale, Alla breve-Tact, C-dur, 60 Tacte.
11. Andante maestoso, ¹²/₈ Tact, C-dur, 15 Tacte (wie oben 2).

Bedeutende Symphonie=Componisten haben stets ihre Stärke darin gesucht, einen Reichthum musikalischer Bildungen innerhalb e i n e r Tactart, e i n e s Tempo's zu entfalten. Lißt nun thut das Gegen= theil. Er entfaltet eine Menge von Tactarten und Tempo's über nur z w e i musikalische Grundgedanken, welche überdies weder besonders originell sind, noch ein eigentlich symphonistisches Gepräge tragen. Der erste, in seiner hervorstechendsten Wendung an das Nocturno im M e n d e l s s o h n'schen Sommernachtstraum erinnernd, besteht aus vier Tacten, welche sich wiederholen:

Zu einem zweiten Theile oder einer entsprechenden Fortsetzung dieses Themas kommt es nicht; es wird in E-dur vom Horn ein=

fach wiederholt. Eingeleitet wird dieſer (3.) Satz durch ein Andante (1.), gangartig gebildet aus dem Motiv derſelben Melodie:

34 Tacte hindurch arbeitet ſich dieſe Phraſe, um beim Forte angelangt, eine andere Umſchreibung desſelben Motivs in den Bäſſen zu bringen: (2.)

Nach dieſen Einleitungen kommt denn endlich obiges erſtes Thema in ⁶/₈ Tact, nach welchem der Tact gleich wieder in ¹²/₈ umſpringt (4.), um eine Ueberleitung zum zweiten Grundthema zu bilden, welches gleich darauf im vierſtimmigen Hornſatz mit unterſtützenden Violen gebracht wird:

Daß Liſzt keinen geläuterten Formenſinn hat, daß ſeine Compoſitionen zumeiſt den Charakter des willkürlichſten Phantaſirens an ſich tragen — dies offenbart ſich hieran ſogleich. Was hat dieſe zweite Melodie für eine Beziehung auf die erſte? Viel zu gleichartig in ihrer lyriſchen Weiſe, kann ſie nicht als Gegenſatz zur erſten, — viel zu verſchieden in der metriſchen Beſchaffenheit, kann ſie auch nicht als Fortſetzung der erſten gelten. — Daß dieſe Melodie überdies nichts weniger als originell und gehaltvoll iſt, brauchen wir, da wir die Noten hergeſetzt haben, kaum zu ſagen. Auch wird ſie in der Folge zwar unzählige Male wiederholt, aber durch keinerlei intereſſante, echt polyphone Durchführung zu ſymphoniſtiſcher Bedeutſamkeit geſteigert. Es folgen nun eine Creſcendo, ein Anlauf der Bäſſe, einige Seufzer der Flöten und Clarinetten, — noch einmal das erſte Thema vom Horn gebracht, ein gehaltener verminderter Septimenaccord der Bläſer, — — und nun das Denkwürdigſte der ganzen „ſymphoniſchen Dichtung": der Sturm (6). Lamartine, dessen Worte Liszt als poetischen Vorwurf für dieses Opus genommen, spricht von dem Sturme, „welcher die Wonnen des Glückes unterbricht, mit rauhem Odem seine holden Illusionen verweht, mit tödtlichem Blitz seinen Altar zerstört." — Man würde es kaum glauben, daß ein geistvoller Künstler, als welcher Liszt stets gegolten, daß ein Musiker, dessen angeblich reformatorisches Wirken als die Blüthe des modernen Idealismus gepriesen wird, diesen Sturm auf so roh materialistische Art aufzufassen und dafür keine anderen Töne zu finden vermochte, als diejenigen, welche man bei einer wirklichen Windsbraut durch die Spalten der Thüren und Fenster heulen hört. Die Streichinstrumente beginnen den Spuck mit auf- und absteigenden chromatischen Läufen, zuerst in einer, dann in allen vier Stimmen, und zwar in lauter verminderten Septimenaccorden, welche reizende Folge endlich auch von pfeifenden Bläsern unterstützt wird. Wie tief doch Liszt die innersten Seiten der Menschennatur aufgefaßt hat, und wie wahr und poetisch die musikalische Darstellung ausgefallen ist! In der That hätten wir Liszt eine solche Geschmacklosigkeit nie zugetraut.

Das darauf folgende Allegro tempestuoso (7) bringt abermals in den Bässen eine Anspielung auf das erste Thema, dann allerlei sonderbare Harmonien und noch einige chromatische Gänge der Streicher und Bläser, — diesmal in lauter Sextaccorden, — worauf (8) die Oboe, dann die Violinen nochmals das erste Thema, aber im ⁶/₄ Tact und in etwas auseinandergezogener Weise bringen.

In dem nun folgenden Allegro pastorale (9) wird das aufs höchste gespannte Verlangen des Hörers nach einem gesunden Gedanken durch folgende Phrase abgefertigt:

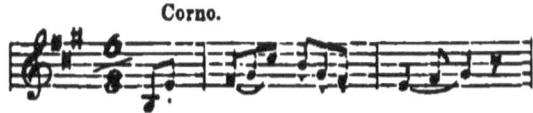

welche ohne Abschluß in andere Blaseinstrumente übergeht, und endlich eine zweite, eben so wenig befriedigende Phrase im Gefolg hat:

Noch einige abgerissene Figuren der Violine, — und bald darauf kehrt Lißt, da ihm gar nichts Neues oder Interessantes einfällt, zum zweiten Thema zurück, diesmal in ⁹/₆ Tact geschrieben, und weiterhin ausgestattet mit allen möglichen Arpeggioformeln getheilter Violinen, Violen und Violoncells und der unvermeidlichen Harfe, welcher Knäuel sich endlich in ein Allegro marziale animato auflöst. Nun glaubt man, wird doch etwas Neues kommen! Bewahre der Himmel! Man vernimmt einige rapide Läufe der Violinen in höchster Lage, und mit Pathos bringen Hörner und Trompeten — das erste Thema in Marschform! Wir bewundern die künstlerische Oekonomie, mit welcher Lißt sein kleines Bröckchen musikalischen Teiges in alle möglichen Formen knetet. Nach einem kleinen zweitactigen, zwischen D-moll und B-dur schwankenden Motiv:

beeilt sich Lißt auch das zweite Thema in Marschform zu bringen, und zwar ff mit Militärtrommel, großer Trommel und Becken; das Glück dieses Themas dauert acht Tacte, und macht mit kühner Schwenkung vom Dominant-Septimenaccord $\begin{smallmatrix}f\\d\\b\end{smallmatrix}$ nach dem $\begin{smallmatrix}6\\4\end{smallmatrix}$ Accorde

$\begin{smallmatrix}ais\\fis\\cis\end{smallmatrix}$ dem ersten Thema in Fis-dur Platz; wieder acht

Tacte. Dann noch einmal jenes zweiactige Motiv, — ein großes Crescendo, und nun mit allem Pomp die Wiederholung jenes zweiten Einleitungssatzes im ¹²/₈ Tact, von allen Bässen und Posaunen vorgetragen, mit auf- und abstürmenden Violinen. Hiermit schließt diese „symphonische Dichtung."

Gesellt sich nun zu dieser Dürftigkeit der Erfindung (zwei kurze und an sich unbedeutende Themate zu einer 97 Seiten langen Orchesterpartitur!) noch eine bedauerliche Armuth an Polyphonie, so fragt man sich verwundert, wie dennoch eine gewisse Wirkung damit erzielt werden konnte. Die Antwort auf diese Frage ist indeß nicht schwer zu finden. Lißt weiß vortrefflich zu instrumentiren. Es ist weder quantitativ gespart, noch qualitativ etwas vergriffen. Die Wirkung der

gen ausnehmend fein berechnet, und man kann aus diesem Opus in der That nach dieser Seite hin etwas lernen. Wir wollen dieses Verdienst an sich nicht schmälern, wenn wir auch behaupten müssen, es sei nur einer innerlich werthlosen Figur durch äußeren Aufputz ein gefälliges und imponirendes Ansehen gegeben worden. Indem wir diese Besprechung schließen, glauben wir die Ueberzeugung aussprechen zu sollen, daß diese Lißt'sche Zukunftsmusik keine besondere Zukunft haben, noch viel weniger den Rang der Unsterblichkeit erobern werde, — dazu ist sie nicht **wahr**, nicht **groß**, nicht **reich** genug. Wir lieben zwar keineswegs dieses Geschrei gegen Alles, was wenigstens als Versuch einer neuen Gestaltung gelten kann. Da man aber **Koterie** macht, um etliche Tagesgötzen mit Gewalt auf das Piedestal zu heben, so darf man sich nicht wundern, wenn entgegengesetzte Stimmen sich erheben, um den übertriebenen Enthusiasmus durch Hinweisung auf Forderungen, denen sich die **bedeutendsten Tonmeister** willig gefügt haben, auf ein billiges Maß zurückführen.

Saul, Oratorium von Ferdinand **Hiller**, Text von Moriz **Hartmann**.
(März 1859.)

Das **Hiller**'sche Werk gibt uns erfreulichen Anlaß zu einer Mittheilung über das neuere Schaffen des Componisten der „Zerstörung von Jerusalem". Vor einer ziemlichen Reihe von Jahren hatte die „Zerstörung von Jerusalem" die Runde durch Deutschland gemacht, und, soviel uns bekannt, allenthalben verdiente Anerkennung gefunden. Doch schien **Hiller** im Verlaufe der nächsten Zeit mit seinen Arbeiten wenig Glück zu haben, und erst später, als die gefährliche Rivalität mit **Mendelssohn** wegfiel und nur mehr R. **Schumann** seinen Stern verdunkeln konnte, hat er durch Werke wie: „Die Weihe des Frühlings," „Lorelei," eine Symphonie u. A. die allgemeine Aufmerksamkeit wieder auf sich zu ziehen vermocht. Ein gewisses Streben nach Originalität, welches sich in etwas gesuchten Rhythmen und Harmonien, in bizarren Effekten kundgab, verleitete unseren Componisten zuweilen, von der Bahn des wahren einfachen Schönen abzuweichen, und erschwerte ihm seine Erfolge, die er sich mit etwas weniger Künstlichkeit leichter errungen haben würde. Desto erfreulicher ist es, daß er nun mit einem Werke in die Oeffentlichkeit tritt, welches, wenn es auch nicht unangefochten und unanfechtbar bleibt, doch geeignet ist, lebhaftes Interesse auch beim größern Publikum zu erregen.

Doppelt interessant erscheint uns das neue Oratorium in unserer Zeit, wo diese Kunstgattung, wie jede andere, auf schwankendem Boden steht. Als ein Mittelding zwischen Kirchenmusik und Oper neigte sich das Oratorium von jeher bald auf die eine, bald auf die andere Seite; ja zur Zeit seiner Blüthe durch Händel unterschied es sich von der Oper kaum durch etwas Anderes, als durch den Wegfall der Scene und Action, so wie durch die Verschiedenheit des Stoffes; es ist bekannt, daß Händel nicht selten Musikstücke aus seinen (früheren) Opern in die (späteren) Oratorien verpflanzte, indem er einfach einen anderen Text unterlegte. Diese Stylvermischung war damals um so natürlicher, als die Oper sich von dem wirklich dramatischen Styl noch weit entfernt hielt. Seitdem hat sich jedoch die Sache wesentlich geändert, und je mehr die Oper dramatisch geworden ist, desto mehr mußte das Bedürfniß erwachen, auch den Oratorienstyl selbstständig auszubilden. Am glücklichsten war hierin Mendelssohn, dessen hierhergehörige Werke, bei aller Zeitgemäßheit des äußern Gepräges, doch ein tiefinnerliches echt religiöses und oratorisches Moment behaupten. In neuester Zeit will man diese Unterschiede wieder umwerfen, und von Seiten der Neuerungslustigen wird ein allgemeiner Styl angestrebt, der für Alles passen soll. So möchte man gern aus der Oper, angeblich um der wahren Declamation und der fortlaufenden Handlung willen, eine Art Psalmodie machen; — und in der Kirchenmusik verlangt oder bietet man dramatische Gestaltungsweisen und eine mystische Tonmalerei, die jedem einzelnen Worte Rechnung trägt. Die Symphonie soll sich nicht begnügen, einen schönen tonlichen Inhalt durch die Fülle mannigfaltigster Instrumente zum rein musikalischen Ausdruck zu bringen, sondern irgend einen bestimmten und dem Hörer deutlich zu machenden poetischen Vorwurf ausdrücken. Selbst die niederen Gattungen der Musik, wie Tanz- und Militärmusik, verschwimmen in einander und setzen den Hörer oft auf eine harte Probe seiner Erkenntnißgabe.

Unter diesen Umständen ist es nicht zu verwundern, wenn auch die Meinungen über Inhalt, Form und Styl des neueren Oratoriums weit auseinander gehen.

Befragen wir bei diesem Wirrwar in den Kunstprinzipien einfach das Gefühl und die gesunde Vernunft, so ergibt sich die Forderung, daß wir in einem Oratorium andere Seiten unserer Empfindung angeregt, deshalb andere Stoffe gewählt sehen und andere Musik hören wollen, als in der Oper oder bei irgend einer anderen Production. Was sich für die scenische Darstellung nicht eignet, doch aber der musikalischen Behandlung durch das Ensemble der Gesangs- und Instrumentalkräfte fähig oder bedürftig ist, um einen großen Eindruck hervorzubringen, das ist unserem Gefühle nach dem Oratorium (als Gattung) zugehörig. Man kann immerhin Unterarten annehmen, und ein weltliches Oratorium (Cantate) vom geistlichen unterscheiden; aber immer wird die Herrschaft des lyrischen und betrachtenden Elements über die eigentliche Handlung die Hauptsache bleiben. Im eigentlichen (geistlichen) Oratorium wird der biblische Stoff und das biblische Wort der Träger einer religiösen Idee sein, welcher sich die Musik in würdig ernster und bedeutungsvoller Weise anschließt, indem alle einzelnen Factoren derselben geadelt, verklärt und zum erhabensten Schwung gesteigert erscheinen.

In wie weit es unserem Componisten wirklich gelungen ist, in seinem Werke den hohen Anforderungen gerecht zu werden, dürften unsere Leser am besten ersehen, wenn sie mit uns das Werk in Kürze durchgehen wollen, wobei wir bemüht sein werden, die wichtigsten Momente durch verschiedene Streiflichter zu erhellen.

Das Oratorium „Saul" behandelt mit geringen Abweichungen denselben Stoff aus der Geschichte des alten Testaments (I. Buch Samuelis), welcher auch dem Händel'schen Oratorium gleichen Namens zu Grunde liegt. Wir haben gegen diese sonst gefährliche Wahl eines von dem großen Oratorienmeister schon bearbeiteten Stoffes um so weniger einzuwenden, als der Händel'sche „Saul" zu dessen schwächeren Werken gehört und in unserer Zeit kaum mehr befriedigen kann.

Das Werk beginnt mit einer vollständigen Ouvertüre, welche ernst und würdig gehalten, uns aber in Berücksichtigung des Ganzen zu lang erscheint. Der darauffolgende Chor: „Saul hat Tausend geschlagen, David zehnmal Tausend," ist ein äußerst lebendiges und kräftiges Musikstück, nur vielleicht allzu aufgeregt und unruhig für ein Oratorium, was — so scheint uns — von der rhythmischen Beschaffenheit herrührt. Das Stück fängt nämlich in viertactiger Rhythmit an, kommt aber schon nach dem sechzehnten Tacte des Chors in breitactige Gliederung und verharrt in derselben bis zum Schluß, ungefähr durch hundertfünfzig Tacte. Eine Steigerung des bacchantischen Volksjubels wird durch diese drängende Dreitheiligkeit allerdings herbeigeführt; aber wir glauben, daß eine rechtzeitige Rückkehr zur viertactigen Phrase das rhythmische Gleichgewicht wieder hergestellt, und zugleich noch mehr Kraft und Schwung verliehen hätte. Von hier ab werden durch eine ziemlich lange Zeit die Solostellen Sauls, Davids und der Michal, welche, wie recht und billig, zum Theil in recitirender, zum Theil in arioser Weise gehalten sind, vorherrschend. Hiller hat zwar die altmodische Wiederholung ganzer Theile der Arien vermieden und die Einheit der formellen Gliederung durch Wiederholung kürzerer melodischer Züge hergestellt, allein die längere Abwesenheit des vollen Chores wirkt etwas ermüdend, und die einzelnen Personen ziehen das Interesse allzusehr auf sich. Im Allgemeinen scheinen uns diese Solosätze, so schön und poetisch-musikalisch sie sind, zu wenig der biblischen Hoheit der vorgeführten Personen entsprechend. Wenn Einer es trefflich verstanden hat, der Musik in ähnlichen Fällen eine wahrhaft biblische Färbung zu geben, so war es — außer Bach — Mendelssohn, dessen Schule wir hier lieber wahrgenommen hätten, als die der Operncomponisten Rossini, Meyerbeer u. A. — Von vorzüglicher Wirkung sind die im weiteren Verlaufe vorkommenden Chöre: „Wehe, die Geister der Nacht sind neu erwacht" — und: „Der Herr hat seine (Davids) Seele vom Tode errettet." Der letztere (As-dur) ist von höchst innigem Ausdruck und nimmt bei dem Uebergang nach C-dur einen grandiosen Aufschwung; die ungezwungene und doch kunstvolle Durchführung der Motive dieses Chores muß jedem Musiker Achtung einflößen.

Nach einem Recitativ und einer Arie Samuels, in welcher der Prophet den Zorn Jehova's über Saul verkündet, kommt eine jener Chorstellen des Werkes, die man unbedenklich meisterhaft nennen kann; „Welche Donnerworte entrollen seinen Lippen;" diese Stelle ist auf einen Orgelpunkt (auf dem tiefen fis, dann cis der Bässe) gebaut, und klingt wunderbar ahnungsvoll. Bei den Worten: „Die Stimme des Herrn geht mit Macht" bricht aber eine wahre Fluth von kräftigen Harmonien herein. Schade, daß nicht hier die erste Abtheilung abschließt; denn das Folgende ist zwar ganz schön, thut aber in seiner Weichheit dem eben erfolgten Aufschwung Abbruch.

Die zweite Abtheilung bringt nach einer kurzen Einleitung des Orchesters einen Chor der Hirten, welche Davids Rückkehr feiern. Die Musik dieses Satzes erscheint im ersten Augenblick etwas flach und weltlich, gewinnt aber durch nähere Einsicht merklich, und wirkt bei richtigem Verständniß der Situation wahrhaft rührend. Alles nun Folgende, die Salbung Davids durch Samuel, der feurige Chor der Genossen des Ersteren: „Werfet hin den Hirtenstab;" dann die Arie der Michal, welche in frommer Entzückung Davids gedenkt; ein Chor der Krieger Sauls, die Ermordung der „heiligen Gemeinde Samuels," welche David aufgenommen hatte, — alle diese Sätze sind uns höchst symphatisch, und wir wüßten nicht, wie man es besser machen könnte. Das folgende Solo des Saul finden wir unschön, und die Wiederholung des Kriegerchors unnöthig. Der Componist konnte füglich gleich zu den Worten Sauls: „Laßt von Verfolgung ab" übergehen. Saul fällt sammt seinen Kriegern in Schlummer und wird von den Gefährten Davids überrascht, was zu einem sehr charakteristischen und wirksamen Männerchor Anlaß gibt. Sowohl die folgenden lyrischen Partien Davids und Sauls, wie der Trauerchor des Volkes über Samuels Tod und der Schlußchor: „Jehova! Erhaben, einsam thronest du hinter Wolken in heil'ger Ruh" sind als höchst gelungen zu bezeichnen. In dem Trauerchor kommt eine Stelle vor, die wir, der Merkwürdigkeit halber, besonders hervorheben; wir meinen die Accordfolge mit offenbaren Quinten:

Wir stehen nicht an, diese Stelle sehr schön und genial zutreffend zu nennen; auch läßt sich ihre harmonische Richtigkeit nachweisen: man braucht, um den Zusammenhang zu verstehen, nur jene Accorde im Zusammenhange zu denken, welche am Anfang jeden Tactes stehen. — Im Schlußchor geht es in einem so grandiosen Style weiter, daß man Hiller'n aufrichtige Bewunderung zollen muß. Auch haben wir hier noch eine rhythmisch merkwürdige Stelle zu verzeichnen: „Schwing des Sieges Horn über Jacobs Haus," wo viermal je ein Tact im ⁶/₄ der folgende aber im ³/₄ Tact geht, und wodurch ein ganz besonderer

Schwung erreicht wird. Doch liegt hier keiner jener widersinnigen Versuche vor, wie sie heutzutage oft gemacht werden, da die beiden Tacte zusammen einen ⁶/₄ Tact bilden, sich viermal wiederholen, und somit nur scheinbar innormal sind. Am Anfang der dritten Abtheilung sehen wir Saul in nächtlicher Stunde die Hexe von Endor um die Beschwörung von Samuels Geist angehen, aus dessem Munde der gebeugte König sein geahntes Schicksal genauer erfahren will. Samuel erscheint und verkündet Sauls und seiner Söhne Tod. Der Charakter dieser — man sagt unversehens: Scene, ist episodisch und vom Componisten so knapp als möglich gehalten; in Rücksicht auf die Lage des Werkes könnte sie aber auch leicht ganz wegfallen. Hieran schließt sich, vermittelt durch eine Orchestereinleitung, der Gesang der Frauen von Endor; „Erwacht, erwacht! Es flieht die Nacht." Dieselben haben beschlossen, die umliegenden Höhen zu besteigen und der großen Schlacht zuzusehen, welche Saul den abermals in's Land gefallenen Heeren der Philister liefert. Dieser Frauenchor, an welchen sich dann die Krieger Sauls anschließen, ist von so frischer Rhythmik, daß er dem Hörer wie kühle Morgenluft entgegenweht. An sich betrachtet, klingt das rhytmische Motiv mit seiner stillstehenden Harmonie und Melodie ziemlich banal, aber im Zusammenhang mit der vorausgegangenen düsteren Situation wirkt es trefflich. Nun beginnt die Schlacht. Hiller läßt diese im Orchester brausen, und die Frauen von Endor dazwischen ihre Hoffnungen, Befürchtungen und Gebete ausrufen. Wahrlich ein höchst charakteristisches Stück, welches freilich auf der äußersten Grenze des hier Erlaubten steht. Die Schlacht ist verloren, Sauls Söhne sind getödtet; er selbst hat sich in sein Schwert gestürzt. Ein Trauermarsch als Instrumentalstück von eigenthümlich schöner Klangwirkung zieht vorüber, und ihm folgt ein Chor, welcher in lebhaften schneidenden Klängen den tiefen Sturz des Volkes ausdrückt. Von großer Schönheit ist endlich der Klagegesang Davids und des Chors: „Die Edelsten von Israel sind auf den Höhen erschlagen," so wie die kleine Stelle des Ersteren: „Es ist mir leid um dich, mein Bruder Jonathan," welche sehr poetisch und zart gehalten ist. Michal erklärt David als nunmehrigen König, und das Oratorium geht zu Ende. Unserem Gefühle nach ist der letzte Chor, mit seinem modernen Octavengesang der Michal und Davids, mit seiner homophonen Haltung kein würdiger Schlußstein des Ganzen und läßt einen echt oratorischen großartigen Aufschwung vermissen. Der Componist könnte freilich geltend machen, daß am Schluß eines so langen Werkes das Publikum nicht mehr die Spannung und Aufmerksamkeit besitzt, um ein breiter gehaltenes Musikstück zu genießen. Diese Rücksicht würde uns jedoch nicht künstlerisch erscheinen, und wir glauben, ein großes Werk müsse auch großartig beschlossen werden.

Fassen wir Alles zusammen, so erscheint uns das Ganze als das wohlburchdachte Product eines reichen, edlen und vielseitigen Talents, als eine künstlerische Leistung, die in unseren Tagen einen hohen Preis verdient. Eingedenk der hohen Anforderung, die wir jedoch an ein wahres Oratorium stellen, tadeln wir nur die mehr dramatische, scenenmäßige Haltung, wodurch fast ein Begehren des Hörers nach sichtbarer Handlung entsteht, und vermissen eine stärkere Hinweisung auf die religiöse Idee. Doch ist dies nicht dem Componisten allein zur Last zu legen, sondern die Schuld fällt vor Allem auf den Dichter.

Die religiöse Idee, welche in der Geschichte Sauls und der Verfolgung Davids liegt; ist: die absolute Ohnmacht des Menschen, selbst eines mächtigen Königs, gegen den Willen Gottes sich selbst und sein Geschick bestimmen zu wollen. Diese Idee mußte von dem Verfasser des Textes im Auge behalten werden, auf sie mußte sich Alles beziehen, wenn ein einheitliches wahrhaft oratorisches Werk zu Stande kommen sollte. Unserer Ansicht nach hat Moriz Hartmann, bei aller Geschicklichkeit in der Zusammenstellung und manchen schönen, zum Theil auf Bibelstellen beruhenden Stellen, zu wenig Werth hierauf gelegt, und dadurch, daß er die Gefühlsäußerungen zu viel in die Soloparthien verlegte, den Chor aber mehr handelnd als betrachtend auftreten ließ, dem Ganzen im vorhinein eine stark dramatische Grundlage gegeben, auf welcher der Componist zwar ein lebensvolles, reich charakteristisches, nicht aber eigentlich oratorisches Gebäude aufrichten konnte.

III.

Versuche ästhetischer Charakteristik.

Robert Schumann.
(September 1858.)

Unter Musikern von Gefühl und Bildung wird heute nicht mehr viel über die Werke dieses Meisters gestritten. Es herrschen zwar noch verschiedene Ansichten über den Werth derselben nach ihrer **Entstehungsepoche**, bedingt durch die Stellung, welche die betreffenden Musiker zu **Berlioz** und **Lißt** einnehmen. So z. B. wollen die Anhänger dieses Letzteren eigentlich nur die Werke der **ersten** Epoche als werthvoll gelten lassen. (Diese erstreckt sich bis zu jenen Werken, wo, wie behauptet wird, ein **Mendelssohn'**scher Einfluß ersichtlich wird.) Andere, die noch etwas auf künstlerische Form und psychologisch wahren Inhalt geben, legen den meisten Werth in die Werke der **mittleren** Periode, welche sich etwa bis op. 100 erstreckt. Ziemlich allgemein herrscht dagegen die Meinung, daß die Werke der **letzten** Epoche in der Mehrzahl eine bedauerliche Abnahme bekunden, sei es in Folge des physischen Zustandes, oder in Folge der Abnahme blos der intensiven Schöpfungskraft des Meisters. Diese Meinungsverschiedenheiten wollen indeß nicht viel bedeuten, da man über den Werth des Künstlers im Ganzen einig ist, ihn lebhaft fühlt und zur Anerkennung zu bringen bemüht ist. Dagegen ist des Streitens fast kein Ende zwischen eigentlichen Fachmusikern, die offene Schumannianer sind, einer=, und manchen Kunstfreunden oder Laien andrerseits, die Schumann nur aus einzelnen, gelegentlich zur Aufführung gekommenen Werken kennen, und ihn nur nach der **Wirksamkeit** beurtheilen, die diesen Werken zur Zeit innewohnt.

Es dürfte daher ein Recht und eine Pflicht der für Schumann gestimmten schriftstellernden Musiker sein, in eingehenden größeren Aufsätzen ihre Verehrung für den Meister durch Gründe zu belegen, und dadurch zur Erkenntniß des poetisch musikalischen Werthes der Schumann'schen Muse nach Kräften beizutragen.

Zwar der Erfolg und die Verbreitung vieler Werke Schumann's erscheint gesichert; denn die Popularität, welche dieselben bereits errungen haben, spricht sich am deutlichsten im Musikalienhandel aus, und die Beliebtheit, welche z. B. den Kinderscenen, Phantasiestücken, bunten Blättern, Claviertrio's, dann dem Quintett und vielen Liedern zu Theil geworden ist, dürfte den betreffenden Verlegern im höheren Maße erfreulich geworden sein, als sie dem Componisten selbst zu Gut kam. Allein die Frage, ob diese Popularität eine dauernde, eine künstlerisch gerechtfertigte sei, ist um so wichtiger, als die Erfahrung Beispiele genug von entgegengesetzten Fällen aufweisen kann. Die Frage ist: ob Schumann in der Musik-Walhalla in der Reihe der Meister einen Platz verdiene, — oder ob man ihm denselben vorenthalten dürfe, — wie man auf der Walhalla bei Regensburg M. Luther ihn durch viele Jahre verweigert hat. (Man wolle übrigens diese Zusammenstellung nicht zu ernst nehmen, denn ein Luther, ein Reformator, ist Schumann in der Musik allerdings nicht.)

Um Schumann's Werth zu erkennen, muß man vorerst sein Erscheinen in musik-geschichtlicher Hinsicht in's Auge fassen; sodann muß der sittlich-ästhetische Maßstab angelegt und die wichtige Frage beantwortet werden, wie weit das Subjective in der Musik berechtigt, und wie weit überhaupt noch ein Fortschritt in derselben denkbar sei.

Betrachten wir den allgemeinen Zustand der Musik, wie er zur Zeit, als Schumann hervortrat, sich unbestreitbar herausstellt, so sehen wir vorerst eine bereits vollständige Entwicklung aller Formen der Musik, eine zum Culminationspunkte gegipfelte Ausdrucksfähigkeit des musikalischen Gedankens. Ach! Da schien es, als sei nichts mehr zu thun übrig geblieben. Nach der neunten Symphonie von Beethoven schien es unmöglich etwas für Orchester zu schreiben, was als ein Neues irgend eine Berechtigung in sich tragen könnte. Das romantische Element hatte überdies durch Weber, Spohr,

Mendelssohn, Marschner, Lindpaintner u. A. im Orchester einen Ausdruck gefunden, der eine Steigerung nicht mehr wohl zuließ. Die Oper war durch die Italiener und Meyerbeer in der luxuriösesten Weise ausgebildet, das Publikum derselben verwöhnt, zum Theil verdorben. Das Lied hatte in Fr. Schubert seinen unübertrefflichen Meister gefunden. Alle Gattungen von Kammermusik waren durch Beethoven auf eine Höhe gebracht, die Bedeutenderes a priori als unmöglich erscheinen lassen mußte. — Andererseits stand es eigentlich trotz alledem um die Tonkunst sehr schlimm. Ein Geschlecht von Kunstverderbern hatte die schwache Seite des Publikums ausgewittert, und suchte, die Eitelkeit und Gewinnsucht zum Panier erhebend, den Geschmack immer mehr zu Grunde zu richten. Virtuosen durchzogen die Welt, und tischten der Menschheit Seiltänzerstückchen für Musik auf. Die Lehrer verdarben die Jugend, indem sie ihr aus süßlichen Opernmelodien einen musikalischen Brei kochten, und ihn mit einigen billigen Läufchen und Trillerchen ausstatteten. Das Publikum wußte kaum was für herrliche Schätze man ihm vorenthielt, und wie misserables Zeug statt diesem vorsetzte. Die Kritik war feil, tanzte, wie man ihr pfiff, oder war im besseren Fall ohnmächtig den gähen Sturz der allgemeinen Musikzustände aufzuhalten. Es fehlte zwar nicht an Künstlern, die der echten Kunst treu dienten, nicht an Anstalten, die einen besseren Zustand anzubahnen suchten, nicht an Unternehmungen, bestimmt dem Publikum durch Vorführung gediegener echt poetischer Werke einen besseren Geschmack beizubringen. Aber was half das Alles, so lange die Mehrzahl der Musiker und die Künstlerjugend insbesonderr fortwährend den Götzen opferte?!

Da erschien Robert Schumann.

Daß er durch Gründung der „Neuen Zeitschrift für Musik" und vieljährige geistvolle Redaction derselben den fast erloschenen Funken für das Poetische unter den Musikern wieder erwecken half, ist eine Thatsache, die zu bekannt ist und zu wenig in die enggezogenen Grenzen dieses Aufsatzes gehört, als daß wir uns hierbei länger aufhalten möchten. Es handelt sich hier nur darum, ob Schumann als Componist trotz der großen Schwierigkeiten, welche einerseits die zu erstaunlicher Höhe ausgebildete und durch Größen ersten Ranges repräsentirte Tonkunst, andererseits der schlimme Zustand des öffentlichen Musiklebens ihm entgegenthürmten, dennoch Neues und zugleich

Werthvolles geliefert habe, was als Fortsetzung und Fortbildung des Bestandenen gelten kann, und nicht als schädlicher Auswuchs bezeichnet werden darf. Und diese Frage müssen wir von unserem Standpunkt entschieden, wenn auch in beschränkender Weise bejahen.

Neu ist Schumann in seinen Werken so sehr, daß eben Viele gerade daran Anstoß nehmen. Man begreift seine Musik nicht gleich, weil sie für den ersten Moment so wenig Verwandtes mit der seiner Vorgänger zu haben scheint. Seine Rhythmik ist oft so eigenartig, daß man sie nicht gleich mit jener Entschiedenheit erkennen kann, welche ein charakteristisches Kennzeichen der Wiener Tonschule, ja fast der gesammten Musik dieser Zeitperiode genannt werden kann. Die vielen Synkopen oder Vorausnahmen, oft in allen Stimmen zugleich, — die häufigen Verschiebungen des metrischen Accents, welche zuweilen für das Gehör eine andere Tactart resultiren, als in den Noten bezeichnet steht (siehe „Des Abends" op. 12), — dies Alles sind, wenn nicht ganz neue, so doch in dieser Ausdehnung noch nicht benützte rhythmische Bildungen. Bei weitem belangreicher und zugleich werthvoller ist noch, was Schumann in harmonisch-modulatorischer Hinsicht geleistet hat. In allen seinen Werken findet man harmonischen Reichthum, der sie sogleich auf das vortheilhafteste von der Masse dürftigen, schalen und leeren Tongeschwätzes unterscheidet, welches sich, unkrautartigen Schlinggewächsen ähnlich, über die Welt in reißender Schnelligkeit verbreitet hat. Ja, wir wüßten außer Bach und Beethoven keinen Componisten zu nennen, welchem Schumann nicht die Spitze böte, was Reichthum und Biegsamkeit der Harmonie und Modulation für jede poetische Situation betrifft. Was in dieser Hinsicht nur irgend noch erfunden werden konnte, hat Schumann erfunden, — und zwar, was das Beste dabei ist, nicht durch Suchen absichtlich herausgeklügelt, sondern es hat sich seiner Phantasie fertig dargeboten.

Neu ist Schumann ferner in hohem Grade in der Melodiebildung, indem er Intervalle einführte, die früher höchstens accordisch und in Uebergangsstellen vorkamen, die aber nun, zu charakteristischen Hauptzügen verwendet, den Stücken oft eine ganz eigenthümliche Färbung verleihen. Hierunter sind besonders stufenweise chromatische Gänge, und große, zuweilen verminderte oder übermäßige Intervallsprünge zu verstehen. Als Beispiel für die Ersteren mag hier

eine melodische Stelle aus der C-dur-Symphonie stehen, welche eben
so neu als poetisch genannt werden muß:

u. s. w.

Als Beispiel für die zweite Art führen wir eine Melodie aus
den „Kreisleriana" und eine aus der „Manfred"-Ouvertüre an:

u. s. w.

u. s. w.

Neu ist Schumann, besonders seinen unmittelbaren Vorgängern
gegenüber, durch die Wiederbenützung kleinerer Formen, namentlich
jener, welche, so lange hauptsächlich die Sonatenform bebaut wurde,
nur mehr in den Menuets oder Scherzo's, überhaupt in Marsch und
Tanzformen benützt wurde: die Form mit einem nicht wiederkehrenden
Mittelsatze (Trio, Intermezzo, Alternativ). Mendelssohn, welcher

seinen „Liedern ohne Worte" entweder die entschiedene Liedform (d. i. ohne Mittelsatz), oder die Sonatensatzform (mit wiederkehrendem Mittelsatze) gebraucht, und unterscheidet sich somit wesentlich von Schumann, welchem es gelang ebenfalls eine Menge neuer, sehr anmuthiger, und im kleinsten Rahmen Mannigfaltiges bietender Stücke in jenem Genre zu liefern, welches ungefähr zwischen Kammer- und Salonmusik die Mitte hält.

Entschieden originell ist Schumann in seiner componistischen Totalität, ja er erschien gewissermaßen wie gerufen, nachdem die deutsche Musik eine gewisse Schwerfälligkeit (in Folge der bei den „grüblichen" Deutschen so häufigen Vorliebe für Durchführung und polyphonische Gelehrsamkeit), ferner ein Zug von allzu weicher, fast weichlicher Schwermuth (Spohr), und endlich eine Abspiegelung des in jener Zeit grassirenden „Weltschmerzes" (repräsentirt durch den sonst höchst bedeutenden, immer edlen und feinen Mendelssohn) gekommen war. Es that sehr noth, daß wieder einmal ein frischer, gesunder Quell aufsprudelte, an welchem die musikalische, namentlich deutsche Welt nach all den trüben und melancholischen Mollklängen, nach all der sentimentalen Ziererei der Nachahmer sich erlaben konnte. Wenn wir nun auch nicht behaupten wollen, daß Schumann in allen seinen Werken diese Gesundheit repräsentire, so ist dieselbe doch gerade in jenen Werken, denen wir eine immer wachsende Popularität vindiciren möchten, in überreicher Fülle vorhanden. Dieses Vollgefühl der Kraft, dieses selige Behagen in reinem, edlem Lebensgenusse spricht sich für uns, z. B. in den Streichquartetten op. 41, aus. Man lese folgende Melodie, mit welcher das F-Quartett beginnt, und frage sich, ob daraus nicht eine durchaus glückliche gesunde Stimmung spricht, wie sie etwa in den letzten Capiteln von Stifter's „Feldblumen" einen anderen Ausdruck findet:

Wir denken hierbei auch an die Arie Siegfrid's in der Oper „Genovefa" (3. Act), an das Clavierquintett und Quartett, an die B-dur-Symphonie und viele kleine Clavierstücke.

Ueberhaupt ist es jene mittlere Schaffensperiode, welche sich dieses Vorzuges rühmen darf, und es wird hier am Platze sein, auf den Entwicklungsgang Schumann's näher einzugehen. Es ist richtig, daß die erste Periode eine noch schärfer ausgeprägte Eigenthümlichkeit repräsentirt, ja wir wollen ohne Weiteres gestehen, daß der reine Schumann vorzugsweise dort zu finden ist. Allein die dorthin gehörigen Stücke werden immer nur einem engeren Kreise von Musikern verständlich, werth- und bedeutungsvoll bleiben, und eine allgemeinere Aufnahme schwerlich finden.

Es mag für kühne Reisende von großem Interesse sein, den Quellen eines großen Stromes nachzuforschen, und denselben in seinen ersten felsig steilen Abstürzen kennen zu lernen. Für die Menge hat er erst Werth und Bedeutung, wenn er breit und mächtig in die Ebene heraustritt. Freilich hat er dann manches Fremde in sich aufgenommen, seine ursprüngliche Farbe hat sich verändert, — aber er hat das Fremde nur verschlungen, um sich zu vergrößern und mächtiger einherzuwallen.

Jene ungemischte Eigenartigkeit des ersten Styls erklärt sich übrigens vollständig aus der Persönlichkeit und der Jugend Schumann's, wie diese von Wasielewsky mit anerkennungswürdiger Treue in dessen Biographie Schumann's geschildert ist. In einem kleinen Städtchen (Zwickau in Sachsen) geboren und aufgewachsen, — bei lebhaftem Gefühl und großer innerer Strebsamkeit doch in musikalischen Dingen fast ganz auf sich selbst gestellt, — zwar mit einigen classischen Musikwerken bekannt, aber dieselben wahrscheinlich nur einseitig in sich aufnehmend, — dagegen in der poetischen Literatur sehr bewandert und namentlich mit dem damals die ganze gebildete Welt aufregenden und erfüllenden Jean Paul und mit Hoffmann geistig vertraut, konnte seine Musik nichts Anderes werden, als der Wiederhall von Ideen und Darstellungsweisen, die voll poetischen Duftes, doch keineswegs von Uebertreibung, Schwulst und Mangel an Verständlichkeit freizusprechen waren. Die Musikstücke Schumann's aus dieser Zeit verrathen neben bedeutender Ursprünglichkeit einen Mangel, wenn auch nicht, wie Wasielewsky meint, an formellen Gestaltungsvermögen, so doch an Willen, sich den Forderungen schöner

Form zu beugen. So geistreich und reizend viele einzelne Sätze der „Papillons-," „Intermezzis-," „Davidsbündlertänze," „Carnaval" und andere an sich sind, so bilden sie doch im Zusammenhang nur ein caleidoskopartiges Ganzes. Es erscheint ein Stück an das andere gereiht, — wie im bloßen Uebermuth, Gegensätze hervorzubringen, — und die zusammenhaltende Idee ist meist nur eine außermusikalische. Indessen haben ihn jene Arbeiten doch sichtlich gefördert, wie auch nicht minder zwei weitere Richtungen seines Strebens: erstens die Bemühung die neuere Art des Clavierspiels und die namhaft erweiterte Technik desselben in seinen Compositionen zu benützen, — zweitens die vielfache Beschäftigung mit der jetzt leider sehr vernachläßigten Variationenform, von der schon Vater Mozart seinem großen Sohne die eifrigste Empfehlung für Compositionsschüler mitgab. Zu jenen ersteren Versuchen gehören vornehmlich die Paganini-Capricen op. 3 und 10, und die Toccate op. 7; — zu den letzteren die Variationen über den Namen „Abegg," die Impromptüs op. 5, und die „Etudes symphoniques," welch letztere ein großartiges und höchst interessantes Variationen-Werk genannt werden können. — Alle diese verschiedenen Versuche, an sich ganz interessant, aber noch keine reinen Kunstgebilde, führten bald zu einer glücklichen Vereinigung von charakteristisch-poetischem Inhalt mit musikalisch ausgebildeter Form, und zwar in den „Sonaten" op. 11 und 22, — in den „Phantasiestücken" op. 12, den „Kinderscenen" op. 15, den „Kreisleriana" op. 16, und der hochschwärmerischen „Phantasie" op. 17. Von hier an macht sich wieder ein zeitweiliges Zurücksinken in traumhaft unbestimmtes Tonleben, ohne ausgeprägte Form und ohne Zusammenfassen und sich Durchdringen der Gegensätze bemerklich, — in den Werken, die in Wien 1839 componirt sind: „Arabeske," — „Blumenstücke," — „Humureske," — „Novelletten" — „Faschingsschwank." Es scheint, daß die Wiener Verhältnisse, oder vielmehr die Seinen in Wien keinen günstigen Einfluß auf seine Productivität genommen haben*).

Zum Glück dauerte diese Periode der Abspannung nur kurze Zeit, und die in Schumann vorgehende Umwandlung zu Gunsten einer musikalisch-abgerundeten und abgeschlossenen Form konnte ihren Prozeß in der nächsten Zeit vollbringen. Mag sie nun der allgemeinen günsti-

---

*) Er wollte sich bekanntlich sammt seiner Zeitung hier ansiedeln, was ihm aber nicht gelang.

gen Wendung seiner Geschicke, oder dem gewonnenen tieferen Verständnisse der Classiker, oder dem Einfluß und Umgang mit klaren Geistern
(wie z. B. Mendelssohn) zuschreiben, — genug, die Umwandlung
ging vor sich und trug die erfreulichsten Früchte. Dazu kam die endliche Vereinigung mit Clara, und es schien Alles zusammenwirken zu
sollen, um jene Gesundheit und Frische des Geistes hervorzubringen, als deren Ausdruck wir oben die Werke der mittleren
Periode bezeichnet haben.

Und wahrlich, wir verdanken ihr viel Herrliches! Vorerst eine
große Anzahl von Liedern, unter denen fast alle eine genial-zutreffende
Betonung der Stimmung der Gedichte offenbaren. Hier zeigt sich der
Meister. Man kann nach L. Köhler's Theorie eine Melodie con-
struiren, und das Steigen und Fallen des beclamatorischen Redetons
in musikalische Gliederung bringen; aber den Sinn und die Stimmung treffen, die der Dichter in Worten auseinandergesetzt hat, —
die aber eben wieder nichts Anderes sind als das Mittel der Verständigung, nicht der Sinn des Ganzen, — dies ist es, was
erst den Componisten macht. Und hierin hat Schumann keinen
Vergleich zu scheuen, ja in manchen Liedern trifft er den Ton haarscharf wie kein Anderer. Dabei sind sie gut singbar, obgleich sie einen
trefflichen durchgebildeten Sänger verlangen*), und die Clavierbeglei-
tung ist ihrer auffallenden Charakteristik und des bedeutenden harmonischen Reichthums wegen von großem Werth.

Außerdem enthält das Compositionsverzeichniß dieser Periode eine
Oper: „Genovefa," welche neben einigen dramatischen Verstößen (auf
die wir unten noch zu sprechen kommen) eine Masse schöner Musik
enthält, wegen welcher sie ebenso gut, und eher als viele Andere, einen
Platz in den Opernrepertoirs verdiente; eine große Cantate: „Das
Paradies und die Peri," vier Symphonien, von denen die in B-dur
und D-moll der Compositionszeit nach die ersten sind, die in C-dur
die dritte und die fünfsätzige in Es-dur op. 97 (beiläufig gesagt die
schwächste unter den vieren) die letzte ist; — noch ein Orchesterwerk
aus einzelnen Stücken bestehend; ein Clavierconcert, zwei Ouvertüren:
„Braut von Messina" und „Manfred" (den Opus-Zahlen nach —

---

*) Wasielewsky scheint uns im Irrthum, wenn er den Schumann'schen
Liedern die Sangbarkeit abspricht. Was nicht Jeder singen kann, ist darum
noch nicht unsingbar.

100 und 115 — der letzten Periode angehörend, aber schon viel früher componirt), — ein Clavierquintett und Quartett, — zwei Claviertrios, — reizende „Studien für den Pedalflügel," in welchen Schumann eine ungewöhnliche Meisterschaft in der canonischen Form bewies, die noch dadurch besonders werthvoll wird, daß man die Künstlichkeit des Satzes gar nicht merkt, — die interessanten vollstimmigen „Skizzen für den Pedalflügel," die sechs großen Orgelfugen über den Namen Bach, die hübschen vierhändigen Stücke op. 66 und 85, die reizenden Variationen für zwei Claviere, — die zweihändigen Clavierstücke „Waldscenen" und „Bunte Blätter," — endlich das, wie uns scheint, in seiner trefflichen instructiven Eigenschaft von den Clavierlehrern noch lange nicht genug gewürdigte „Album für die Jugend," welches einen wahren Schatz der anregendsten poetischsten und verschiedenartigsten Stücke enthält.

Daß unter etwa 80 Opuszahlen auch manches Schwächere unterläuft, ist eben so natürlich, als bei allen Componisten thatsächlich der Fall.

Wir hätten nun eigentlich noch von den Werken der letzten Epoche zu sprechen; allein theils ist unsere Kenntniß der dahin gehörigen Werke noch nicht vollständig genug, theils scheint es uns als eine traurige Aufgabe, das Anwachsen eines unheilbaren physischen Zustandes in den Compositionen eines geliebten Meisters zu verfolgen.

Jedenfalls können wir unseren Artikel auch ohne diesen weiter fördern, und sind der Ansicht, daß Schumann's Begabung und Künstlerstreben schon durch die Aufzählung obiger zum Theil sehr umfangreicher Werke außer Frage gesetzt ist, und somit gerechte Ansprüche auf allgemeine Achtung hat.

Diese Achtung muß sich aber nothwendiger Weise erhöhen, wenn man nach der günstigen Beantwortung der Frage: Was und wie viel Schumann geschrieben — auch noch auf die Frage nach dem sittlich-ästhetischen Gehalt eine befriedigende Antwort erhält.

So schwierig es ist über den geistigen Gehalt der Musik überhaupt zu sprechen, und so wenig wir uns der trügerischen Hoffnung hingeben, als würden wir alle unsere Leser durch das Folgende zufriedenstellen, — so dürfen wir doch dieser Schwierigkeit nicht ausweichen, — um so weniger, als wir an einen solchen geistigen Gehalt fest glauben, und namentlich überzeugt sind, daß sich in der

Muſik die Perſönlichkeit des Componiſten, ſein Denken und Fühlen, ſeine ganze Weltanſchauung ausſpreche. — Der heitere kindlich-fromme Haydn, der gläubig-gemüthvolle Mozart, der in das Stadium Plato's und der Weltgeſchichte vertiefte Beethoven, — alle Componiſten von Bedeutung werden in ihren Werken einen Hauptzug erkennen laſſen, den man auf den ſittlichen Grund der Perſönlichkeit zurückführen kann. Und ſo werden wir auch bei Schumann nach der ſittlichen Baſis ſeiner Muſikſtücke fragen dürfen, und die Beantwortung dieſer Frage ſcheint uns am entſcheidendſten zu ſein: denn nichts iſt troſtloſer, ja widerwärtiger als Begabung ohne Charakter, ohne ſittliche Baſis. Als ſolche iſt uns aber nach längerer Bekanntſchaft mit ſeinen Compoſitionen Folgendes entgegengetreten: Reine, keuſche, innige Liebe; — ſchwärmeriſches Hingeben an ſchöne poetiſche Ideen; — Abſcheu vor allem Niedrigen und Gemeinen, innerlich brennendes Feuer und Begeiſterung für alles Edle und Gute; — Neigung zum Wunderbaren, Phantaſtiſchen, Märchenhaften; — humoriſtiſche Lebensanſchauung.

Dieſe Züge ſind es, welche in muſikaliſchen Formen bei Schumann zu Tage treten, welche uns und alle Freunde ſeiner Muſe lebhaft für ihn einnehmen, und worin er ſich hauptſächlich als deutſcher Künſtler documentirt. Blendende äußere Vorzüge beſitzt ſeine Muſik nicht, — ſie beſticht nicht den großen Haufen durch ſinnlichen Reiz, oder durch anſpannende Anordnung und Knalleffecte, — ſeine muſikaliſchen Ideen ſind meiſt anſpruchlos, oft für den erſten Moment unſcheinbar. Aber der muſikaliſche unbefangene Hörer wird gar bald wie in einen Zauberkreis gezogen, wo er willig folgen muß, um zu ſchauen, zu empfangen, zu genießen. Schumann verſenkt ſich immer tiefer in ſein ſcheinbar unbedeutendes Motiv, bringt es zur Geltung, indem er es entwickelt und nach allen Seiten hin ausbildet, und ſeine Muſik gleicht ſo einem tüchtigen Menſchen, der ſeine Gaben redlich ausbildet, und bald mehr leiſtet als Mancher, dem bedeutendere glänzende Gaben verliehen waren. Was aber ſo wirkt, wird werthvoll genannt werden müſſen, weil es gegenüber einer Maſſe von unbedeutenden, einer ſoliden Baſis entbehrenden Producten ſich wie ein Edelſtein zu Kies verhält.

Ein auffallendes Beiſpiel, wie ſchön Schumann einen Grundgedanken poetiſch anzuſchauen und auszugeſtalten verſtand, bietet der erste Satz des bei uns am meisten bekannt gewordenen Clavier-Quintetts. Nachdem sich das Thema in achttactig abgeschlossener Weise im Tutti derb und mit kräftigem Humor aufgestellt hat, bringt das Clavier allein eine sehnsüchtige Umbildung desselben, indem die Hauptmelodie plötzlich piano wird, und von den trotzigen Sprüngen in die Höhe nur den ersten, aber auch den durch ein Legato in mild-fügsamer Weise, fast wie mit bittender Geberde, beibehält. Was Schumann im weiteren Verlauf aus diesem Thema auf eben so geistreiche als natürliche und dankbare Weise herausbildet, wie er namentlich die zweite Hälfte des Vordersatzes in den mannigfaltigsten Farben und Stimmungen fortspinnt (wo sogar verpönte alte Mittel, wie diminutiones u. dgl. nicht verachtet werden), und zu scheinbar ganz neuen Gestaltungen verwendet, ist lehrreich und von ästhetischem Belang; — auch die Art der Einführung und Vorbereitung des Mittel- (oder Cantabile-) Satzes ist beziehungsvoll und originell. Mit solchen Sätzen, deren die mittlere Periode genug aufzuweisen hat, bewährt sich Schumann als echter Nachfolger seiner großen Vorgänger, ja er gehört insofern, obwohl er ganz Romantiker ist, entschieden zur älteren Schule, und unterscheidet sich hierin wesentlich von seinen Nachfolgern, indem das, was er auf jene Art aus einem einfachen Thema gewinnt, immer wieder geschmackvoll, reizend und sinnig ist.

Ganz ähnlich verhält es sich mit seiner Stellung zur Programm-Musik. Man hat es Schumann oft verargt, „daß er durch Ueberschriften zu seinen kleineren Sachen den vielfachen Unfug befördert habe, der jetzt im Schwunge sei." Wer indeß in der Geschichte der Musik bewandert ist, weiß, daß dieser „Unfug" nicht von gestern datirt, — daß er vielmehr ehedem weit ärger war, und daß sich namhafte Componisten früherer Zeit allen erdenklichen Unsinn erlaubt haben. Liefert auch Schumann Programm-Musik, so ist diese ebensowenig verwerflich, wie die anderer Componisten, so fern sie an und für sich schön ist, d. h. sofern sie rein musikalischen Forderungen entspricht. Schumann's Musik ist es in den meisten Fällen, und in denselben ist sie unbedingt in Schutz zu nehmen; ja man muß sich freuen und verwundern ob der feinen Fäden des menschlichen Organismus, durch welche es dem auserwählten Musiker möglich ist, so sprechend ähnliche Bilder hervorzuzaubern.

Fassen wir nun die Berechtigung des Subjectiven in der Musik ins Auge.

Es ist schon oft nachgewiesen worden, daß in dieser Kunst, wo in verhältnißmäßig reißender Schnelligkeit die Ausbildung von den kärglichsten Versuchen bis zu den vollendetsten Meisterwerken vor sich gegangen ist, das Neue nur mehr durch die besondere Individualität Einzelner hervorgebracht werden kann, daß eine Steigerung der Kunstmittel nicht mehr zu erwarten ist. Das Letztere wird so ziemlich allgemein anerkannt, — das Erstere findet noch Widerspruch, uud daher das ewige Gerede von Epigonenthum, Kunstverfall, künstlerischer Ohnmacht der Gegenwart u. dgl., welches unserer Ansicht nach ebenso unbegründet als der Fortentwicklung der Tonkunst hinderlich ist. Denn ist auf der einen Seite das Höchste geleistet worden, so ist dagegen Das, was das neue Individuum als Abspiegelung seines eigenthümlichen inneren Lebens mit den bereits vorhandenen Mitteln und Formen der Musik hervorbringen kann, ewig neu und unerschöpflich.

Zwei Gefahren sind hierbei allerdings vorhanden, — die eine, daß die Subjectivität allzu weit von dem gemein Verständlichen abirre, — die andere, daß die subjective Freiheit von Kunstverderbern mißbraucht und als Ausrede benutzt werde. Von beiden liefern die letzten Jahre nahe genug liegende Belege. Schumann aber entging ihnen noch glücklich, obwohl er nahe genug daran war, ebenfalls, wenn auch nicht der Charybdis, wohl aber der Scylla in die Hände zu fallen. Vertraut mit den unvergänglichen Werken früherer und frühester Meister, an denen er mit einer Pietät hing wie Wenige, — festhaltend an dem göttlichen Beruf der Kunst, und immer fester werdend in der Liebe zu reiner Schönheit (man vergleiche die letzteren Bände seiner „gesammelten Schriften" mit den ersten, und sehe wie sich seine Ansichten klären, und sein Schönheitssinn immer strenger wird, — konnte er mit dem stolzen Bewußtsein des Gerechten an der Kunst weiter bauen, und mit Sicherheit den rechten Weg finden, bis zu dem Augenblick, wo eine höhere Macht, ein trostloses Verhängniß, ihn aus seiner schönen Thätigkeit riß.

Schumann's Werke haben alle Aussicht auf große Popularität, wenn dieselbe auch erst später diesen Umfang gewinnen sollte. Hat doch S. Bach ein Jahrhundert dazu gebraucht, und ist zu Lebzeiten als ein harter, ungenießbarer Componist oft genug geschildert worden. Ein Componist von solcher Begabung wie Schumann, der alles allgemein Menschliche in sich aufgenommen und zu eigenthümlicher Anschauung ausgebildet hatte, dessen künstlerische Gestaltungen den Typus der Treue, des Echten (wenn gleich zuweilen Eckigen und Schroffen), ja, — wir möchten sagen ritterlicher Männlichkeit an sich tragen, — in welchen endlich ein tüchtiges Stück Romantik, eine der schönsten Blüthen des Volks- und Geisteslebens, zum musikalischen Ausdruck kam, — ein solcher Componist muß endlich auch dem größeren Publikum zugänglich werden

Freilich nicht Alles von ihm. Schumann hat Stücke geschrieben, deren Vorführung vor ein größeres Auditorium gerade zu eine Profanation heißen müßte. So wie ein Rückert'sches Gedicht unter zwei liebenden Seelen das größte Entzücken bewirken kann, öffentlich beclamirt aber leicht läppisch oder kindisch erscheinen möchte, weil eben nichts Allgemeines, nichts für jeden Stand und jedes Alter, für jede Anschauungsweise Passendes darin enthalten ist, — so eignen sich viele Schumann'sche Compositionen nur für den Vortrag in kleineren Kreisen, wo man schon in den Mysterien seiner Kunst eingeweiht ist. Bei uns ist man indessen in dieser Hinsicht eher zu ängstlich gewesen, und hat den Kreis der productionsfähigen Stücke gar zu eng geschlossen. Hoffen wir, daß namentlich die Clavierspieler sich immer fleißiger mit Schumann beschäftigen und die dahin gehörigen Werke in seinem Geist vorführen werden.

Zum Beschluß sei uns nur noch gestattet, auf einige charakteristische Merkmale Schumann'scher Musik hinzuweisen, die, weiter oben angeführt, den Gang und die Ausführung dieses Aufsatzes zu sehr aufgehalten hätten; auch mögen die Schwächen und Schattenseiten derselben hier ihre Besprechung und von unserem Standpunkt aus die Feststellung ihrer respectiven Wichtigkeit oder Unwichtigkeit finden.

Man muß bei Schumann von vorne herein auf jenen Grad der Klarheit und formell-plastischen Gestaltungsweise Verzicht leisten, welchen man von den sogenannten Classikern her gewohnt ist. Etwas Verschwommenes, Nebelhaftes, Traumhaftes, mitunter auch Eigensinniges findet sich fast überall, — in der ersten Epoche am meisten, in der mittleren weniger. Der Zuhörer muß sich daran gewöhnen, und er gewöhnt sich, wenn einiger Wille vorhanden ist, auf Eigenthümliches, Neues einzugehen. Nur wessen Natur sich vorzugsweise zu absoluter **Schärfe und Bestimmtheit** des Ausdrucks hinneigt, — oder von Haus aus nüchtern, trocken oder pedantisch ist, der wird sich schwerlich je zum Genusse Schumann'scher Musik heranzubringen im Stande sein.

Ja selbst die lebhaften Freunde derselben gestehen zu, daß sie gerne etwas ganz Klares und Durchsichtiges hören, wenn sie lange mit Schumann'schen Compositionen beschäftigt waren. Aber eben in dieser Abwechslung liegt für sie der Reiz. So wenig Jemand im Ernst wünschen möchte, daß ewig heller Tag bleibe, so wenig kann auch in einer Kunst das Verlangen nach absoluter Klarheit von ewiger Dauer sein. Es gibt Stimmungen, die der Dämmerung und der Stille der Nacht entsprechen, — und hiefür gibt Schumann Musik, die darum einen magischen Eindruck auf poetisch gestimmte Gemüther hervorbringt. Sollte eine derartige Musik nicht auch ihre Berechtigung haben? Entspricht die Musik überhaupt nicht jenem räthselhaften Uebergang aus der Klarheit des gemein=menschlichen Lebens in die Dunkelheit metaphysischer Forschung, in die unbekannten Gefilde des Jenseits, — mag man dieses nun als wirkliche künftige Existenz oder blos als allgemeinen Begriff dessen auffassen, was **jenseits des menschlichen Erkenntnißvermögens liegt**.

Schumann's Compositionen führen den, der zu folgen vermag, in zauberhafte Wunderreiche. Nicht zwar wie Mozart in ein Elysium der Freude, — nicht wie Beethoven in das Land seliger Erhabenheit über alle Erdenleiden; — wohl aber in orientalisch=phantastische Fabellande, wo das freieste Spiel der Erscheinungen herrscht. Ist Schumann hierin mit Mendelssohn verwandt, so ist er doch vielseitiger, da er das ganze Gebiet des Phantastischen, vom Schauerlichen bis zum komischen Spiel neckender Kobolde, beherrscht, und in fast jedem Stück eine andere Färbung aufkommen läßt, während Mendelssohn sich zuweilen in stehenden Figuren (wie z. B. Elfentanz) wiederholt.

Wie so die Musik überhaupt im Stande sei, der Phantasie des Hörers solche Richtungen zu geben, ist Sache weitläufiger psychologisch=ästhetischer Untersuchung, und kann hier nur angedeutet werden. Die Fremdartigkeit Schumann'scher Gestaltungsweise ist es ohne Zweifel, welche die Phantasie eigenartig anregt, und seltsame Bilder vor die Seele zaubert, und diese Fremdartigkeit ist musikalisch nachweisbar bis in die kleinsten Züge. Während z. B. die Classiker ein Stück regelmäßig mit dem melodisch breit ausgelegten tonischen Accord beginnen lassen, fängt Schumann öfters gleich mit dem Oberdominant-Septimen-, oder wohl gar Oberdominant-Nonenaccord (Genovefa- und Manfred-Ouvertüre, viele Stücke im Carnaval) — oder bei ganz kurzer Berührung der Tonica mit der Unterdominante (Preambule zum Carnaval), — oder wohl auch mit dem verminderten Septimenaccord der siebenten und vierten erhöhten Stufe (Scherzo der C-Symphonie) an, — oder er beginnt mit der Tonica, führt aber viel rascher, als sonst gebräuchlich war, eine andere Tonart herbei (Finale der C-Symphonie), und läßt auf diese Art das Gefühl der Tonart erst im Verlauf der ersten Perioden entstehen, statt es sogleich hinzustellen. Eben so frei führt er seine Mittelsätze ein, indem er sie nie schablonenmäßig durch einen Orgelpunkt auf der Dominante vorbereitet, sondern sich ganz unversehens aus irgend einem Accorde der Tonart herabsenkt, — wodurch denn alles absichtlich Gemachte und Berechnete vermieden erscheint. — Was hauptsächlich die Wirkung der Unbestimmtheit und des traumartig-sich-Fortspinnens macht, ist — außer der schon oben berührten Eigenthümlichkeit seiner rhythmisch-melodischen Gestaltungen — die ganz sorgfältige Ueberkleibung der musikalischen Cäsuren, welche Schumann oft entweder an das letzte Ende des betreffenden Tactes verlegt, wodurch sie fast unkenntlich werden; oder indem er sie durch harmonische Rückungen fast vom Platz schiebt (Kreisleriana IV.). Man darf dies so wenig wie Anderes als absichtlich vorgenommenes Verzerren ansehen, sondern als den natürlichen Ausdruck seiner originalen Natur, welche dem Gewöhnlichen eben immer instinctmäßig aus dem Weg ging.

Ganz vorzüglich besaß Schumann, wie schon oben erwähnt wurde, die Fähigkeit, Situationen und Bilder durch die Behelfe der Musik „auszudrücken". (Ein verpöntes Wort! Doch scheint hier nur ein Wortstreit obzuwalten, da man doch zugestehen muß, daß in gewissen Fällen die Musik wirklich etwas Außermusikalisches bedeuten kann.) Nach Bedürfniß harmonisch rasch und scharf wechselnd, oder wiegend zwischen einigen Hauptaccorden, oder schwankend zwischen den sogenannten unwesentlichen Dreiklängen, — trifft Schumann immer den Nagel auf den Kopf. Man vergleiche z. B. wie in dem Liederkreise „Frauenliebe und Leben" im ersten Lied die Harmonie schüchtern und doch ſinnig nicht aus den drei Hauptaccorden, die Melodie nicht aus Quinte und Sexte der Tonleiter, der Rhythmus nicht aus dem ſtockenden:

[Notenbeispiel] heraus zu gehen ſich getraut, und ſo den nachdenklichen Zuſtand des zum erſten Mal vom Strahl der Liebe ſtark getroffenen Mädchenherzens verſinnlicht; — wie ferner im zweiten Lied die Ueberzeugung von dem Werth des Stillgeliebten ſich in großen Intervallen und lebhafter Ausſprache der Worte, bei zugleich merkwürdig geringer Modulation der Tonarten ausſpricht; — wie dagegen im dritten Liede alle Pulſe zu ſchlagen ſcheinen, und die Modulation förmlich auszuſchweifen beginnt (Tact 16—36).

Nur für Eines konnte oder mochte der Tonmeiſter einen entſprechenden muſikaliſchen Ausdruck nicht auffinden, und zwar für Schlechtigkeit, für niedrige grobe Sinnlichkeit. Wenn dies auch als ein Mangel angeſehen werden kann, der in ſeiner Conſequenz Schumann's Beruf für dramatiſche Compoſition in Frage ſtellt (wie denn die Partie des Golo in der „Genovefa" offenbar verzeichnet iſt, da dieſer Böſewicht durch die Muſik ſeines wirklichen Charakters ganz entkleidet erſcheint), — ſo hebt es deſto mehr den ſittlichen Grund des Componiſten, ſeinen Beruf für das Ideale, Hohe und Reine hervor.

Wenn wir von wirklichen Schwächen Schumann's in ſeiner Inſtrumentalmuſik ſprechen ſollen, ſo müſſen wir vorerſt ſeinen Tadlern zugeſtehen, daß er zuweilen in Monotonie verfällt, indem er die Gegenſätze, welche bei längeren Stücken, namentlich aber in der Sonatenſatzform ſo weſentlich ſind, zu geringfügig behandelt, oder ſich gar zu tief in eine thematiſche Figur einſpinnt. Seine Mittel- (Cantabile-) Sätze ſind oft zu kurz, der Schluß des erſten Theils kommt daher zu früh, die Repriſe des Hauptgedankens erſcheint überſtürzt (erſter Satz der C-Symphonie). — Dieſelbe Eigenheit, die zweite Partie nicht mit gleicher Sorgfalt zu entwickeln, finden wir auch in vielen kleinen Clavierſtücken. So bildet Schumann z. B. im „Album für die Jugend" (wo der inſtructive Zweck und die Kleinheit der Aufgabe die Grundſätze muſikaliſcher Formbildung nicht aufhebt) den zweiten Theil oft durch Transpoſition des erſten Theils in die Dominante; zuweilen theilt er ſogar, was noch ſchlimmer iſt, dem zweiten Theil bis zum Wiedereintritt des Thema's nur die Hälfte der Tactanzahl zu, welche der erste Theil hatte; wodurch nothwendig der Eindruck entstehen muß, als würde immerfort dasselbe wiederholt.

Bis hieher können wir dem Tadel beitreten, welcher hie und da über Schumann'sche Monotonie laut wurde. Oft aber wird auf unbegründete Weise über Monotonie geklagt, wo thatsächlich keine vorliegt. Musikalische Eintönigkeit besteht in dem Sichgleichbleiben aller Factoren. Sehen wir nun das Thema der C-dur-Symphonie an, dem oft Monotonie vorgeworfen wurde, so gewahren wir zwar rhythmische Wiederholungen, keineswegs aber melodische oder gar harmonische Armuth:

Man vergleiche das rhythmische Motiv in seinen jedesmaligen melodischen Wendungen und seiner tonartlichen Basis, und man wird finden, daß es an Abwechslung in beiden letzten Beziehungen nicht fehlt, daß also die rhythmische Gleichförmigkeit zwar eine Eigenthümlichkeit, aber kein Fehler genannt werden kann; sonst müßte man das Beethoven'sche:

ebenfalls monoton nennen.

Noch weniger können wir uns einverstanden erklären, wenn man bei Schumann von „trivialen Stellen" spricht. Man weiß, daß Ulibischeff, Beethoven ebenfalls „absichtliche Trivialität" vorgeworfen*), und daß hier eine Verwechslung des Volksthümlichen und Humoristischen mit dem Gemeinen vorliegt. Wer z. B. das Thema des Finales der A-dur-Symphonie oder des großen B-Quartetts von Beethoven trivial nennt, der beweist nur, daß ihm das Verständniß des Humoristischen abgeht, welches gerade in Gegenüber-

---

*) Die wirklichen Trivialitäten Rossini's schluckte er guten Muthes hinunter.

stellung der stärksten Formen von Ernst und Scherz besteht. Das Volksthümliche in Schumann ist bei uns freilich schwerer aufzufassen, weil es ein Norddeutsch- oder ein Rheinländisch-Volksthümliches ist, nicht ein österreich-ungarisches, wie es z. B. Haydn ausspricht. Humor ist aber ganz naturgemäß einem Componisten eigen, dessen Jugend in Jean Paul wurzelt.

Um zum Schlusse zu kommen, sprechen wir nur noch die Ueberzeugung wiederholt aus, daß Schumann's wahre Bedeutung für die Kunst immer mehr erkannt werden wird, je weiter wir aus den wirren Anschauungen der Gegenwart herauskommen werden. So wie der Wanderer im Hochgebirg, durch die Masse der Hügel und falschen Höhen beirrt, die rechten Gipfel unterschätzt, oder wohl gar nicht bemerkt; in die Ebene tretend aber diese hoch heraussteigen sieht, — so wird auch der Genius Schumann's richtig geschätzt werden, wenn einmal alle falschen Genies und mit Posaunenschall verkündeten Propheten hinter uns liegen werden, wegen welchen man schon jetzt Schumann als überwundenen Standpunkt zu behandeln angefangen hat.

Niels W. Gade.

(December 1858.)

Die Kunstgeschichte zählt eine Menge Componistennamen auf, die sie zwar nicht als Meister ersten Ranges bezeichnet, da dieselben in der Kette der durchaus zusammenhängenden hervorragenden Einzelerscheinungen nicht als unauslösbare Glieder zu betrachten sind; — Tonsetzer welche weder alle Gattungen der Kunst mit universeller Genialität behandelten, noch auch in einzelnen Zweigen derselben geradezu Spitzen der Entwickelung bilden; — die aber in Folge harmonischer Ausbildung ihrer componistischen Anlagen, oder auch eines besonderen eigenthümlichen Zuges, des Erfreulichen und Schönen genug geschaffen haben, um einen Ehrenplatz nahe bei den ersten Heroen zu verdienen.

Welchen Platz die Geschichte unserem Gade einräumen wird, können wir heute noch nicht wissen; wissen wir doch nicht einmal, welchen Aufschwung der im rüstigen Mannesalter stehende begabte Mann noch nehmen kann, und Fälle der kräftigsten Entwicklung im hohen

Greisenalter (wie bei J. Haydn) sind zwar selten, können aber doch immer wieder vorkommen.

Hier in Wien mußte man bis vor wenig Jahren von Gade so viel wie nichts, und noch weniger kannte man. Die absprechendsten Urtheile wurden laut, wenn hin und wieder einzelne Sachen von ihm, wie z. B. die Ossian-Ouvertüre, oder das Octett für Streichinstrumente, zu Gehör gebracht wurden. Und doch sind schon fünfzehn Jahre verflossen, seit Gade den Leipziger Musikern bekannt und von ihnen geliebt ist. Es ist Thatsache, daß die oben genannte Ouvertüre und die erste Symphonie in C-moll von Schumann mit Wärme besprochen, von Mendelssohn mit Eifer und Liebe dirigirt, und von dem sehr strengen, durchaus conservativ gesinnten, sehr gebildeten Publikum der Gewandhausconcerte mit Enthusiasmus aufgenommen, und sofort dem Repertoir dieser Anstalt bleibend einverleibt wurden.

Erst mit „Erlkönigs Tochter" errang Gade in Wien einen wirklichen Erfolg; einen Erfolg, der ihm bei etwas mehr Consequenz unserer Concertleiter und bei etwas mehr entgegenkommender Bereitwilligkeit unseres Publikums schon viel früher hätte zu Theil werden müssen. Jetzt, bei so großer Verzögerung, ist es viel schwieriger geworden, das große Publikum für Gade zu gewinnen, da eine gewisse Unempfindlichkeit gegenüber feineren, duftigeren Compositionen immer mehr überhand nimmt. Man will jetzt bei neuen Werken entweder durch sinnliche Wirkungen des Ueberreizes gepackt, oder durch sogenannte geistreiche Musik geblendet sein, und verzichtet in diesem Falle auf den inneren Halt und Gehalt; — oder man will überhaupt in Neues gar nicht eingehen.

Vertrauen wir jedoch der Macht des Schönen und Edlen, sowie dem besseren Gefühl des Publikums, welches immer, wenn auch oft spät, das Echte erkennt und von dem Falschen unterscheidet.

Von den sechs Symphonien Gade's wurde kürzlich eine derselben (Nr. 1, C-moll) zum erstenmale vorgeführt. Der Erfolg war, wie bei allen neuen Symphonien, die hier zur Aufführung kommen, ein halber. Dies konnte uns am wenigsten überraschen bei einem Publikum, welches unmittelbar vorher zwei andere neue Instrumentalstücke gehört hatte, und zum großen Theil nicht die entsprechende vorläufige Bekanntschaft zu machen in der Lage war. Wir hatten auch unsere Bedenken dagegen, daß man den Anfang gerade mit dieser Symphonie machte, welche am entschiedensten Gabe'sch, unserem

Publikum am fremdesten entgegentreten mußte. Für ganz verkehrt aber würden wir es halten, wenn man sich durch jenen halben Erfolg abschrecken ließe, die übrigen Symphonien der Reihe nach, und auch diese in C-moll gelegentlich wiederholt zu bringen, da man sonst in den oft begangenen Fehler verfallen würde, geschehen zu lassen, daß das Publikum seine Ansicht über ein einzelnes Werk zu einem Gesammturtheile über den Componisten erhebt.

Bevor wir zu einer musikalischen Analyse einiger Werke, besonders aber der Symphonien, übergehen, wollen wir dem Leser die Mühe ersparen, sich selbst in den Catalogen umzusehen, was Gade bis jetzt geschrieben hat. Wir geben hier ein Verzeichniß seiner durch den Druck veröffentlichten Compositionen.

Ouvertüre: Nachklänge von Ossian......	ohne opus.
Fare well little Grete. Lied. Wahrscheinlich ...	op. 1
Frühlingsblumen. Drei Clavierstücke......	„ 2
Gesänge...............	„ 3
?...............	„ 4
Symphonie Nr. 1 in C-moll.........	„ 5
Sonate für Clavier und Violine.......	„ 6
Ouvertüre: Im Hochlande.........	„ 7
?...............	„ 8
9 zweistimmige Lieder.........	„ 9
Symphonie Nr. 2 in E-dur.........	„ 10
6 Gesänge für vier Männerstimmen.....	„ 11
Comala. Für Solostimmen, Chor, Orchester..	„ 12
5 Gesänge für gemischten Chor.......	„ 13
Ouvertüre in C............	„ 14
Symphonie Nr. 3 in A-moll........	„ 15
Reiterleben, vierstimmige Männerchöre....	„ 16
Octett für Streichinstrumente........	„ 17
3 vierhändige Stücke in Marschform.....	„ 18
Aquarellen, Clavierstücke.........	„ 19
Symphonie Nr. 4 in B..........	„ 20
Sonate für Pianoforte und Violine Nr. 2...	„ 21
Tonstücke für Orgel...........	„ 22
Frühlingsphantasie für 4 Solostimmen, Pianoforte und Orchester............	„ 23
5 Gedichte für eine Singstimme.......	„ 24

Symphonie mit obligatem Pianoforte in D-moll . op. 25
Lieder für Männerchor . . . . " 26
Arabeske, Clavierstück . . . . " 27
Sonate für Pianoforte in E-moll . . . . . . " 28
Noveletten. Trio für Pianoforte, Violine und Violoncell . . . . " 29
Erlkönigstochter. Für Solostimmen, Chor und Orchester . . . . " 30
Volkstänze, Clavierstücke . . . . " 31
Symphonie Nr. 6 in G-moll . . . . " 32
Fünf Lieder für Männerchor . . . . " 33
Idyllen, Clavierstücke . . . . " 34
Nordische Tonbilder, 4händige Clavierstücke . . . ohne opus.
Scandinavische Volksgesänge . . . . detto
Sylphiden, Clavierstücke . . . . "
Nattergalen, für 2 Sopran und Pianoforte . . . "
3 Gedichte für eine Singstimme (Serenade, Rose, Situation) . . . . "
Albumblätter, Clavierstücke . . . . "
Agnetens Wiegenlied . . . . "
Der Gondolier . . . . "
3 Gedichte für eine Singstimme (Mein Vögelchen, Märzveilchen, Schneekönigin) . . . . "
Mehrstimmige Lieder und Gesänge . . . . . . "
Mehrere Hefte Lieder für eine Stimme . . . . "

Daß man bei Gade nicht wie bei großen abgeschlossenen Componisten eine Eintheilung nach Epochen der Entwicklung machen kann, versteht sich wohl von selbst. Nur ganz allgemein läßt sich sagen, daß das nationale (scandinavische) Element, welches in den ersten Compositionen Gade's vorwiegt, später zwar nicht verschwindet, aber nicht mehr mit jener Absichtlichkeit in den Vordergrund tritt. Es ist hier alles feiner, musikalischer geworden, und ist jener Wunsch Schumann's in Erfüllung gegangen: „Man möchte jedem jungen Componisten rathen, Eigenthümlichkeit zuerst zu gewinnen, und dann wieder aufzugeben."

Wie fast bei allen neueren Componisten, wurde auch bei Gade viel über **Mendelssohn**'sche Einflüsse geklagt, ja man entblödete sich nicht, alberne Witze über die angeblich große Familienähnlichkeit der Compositionen Beider zu machen. Es sind allerdings ähnliche Züge vorhanden; solches ist aber unter Zeitgenossen **immer** der Fall gewesen. Ganzen Epochen der Musik sehen wir einen gewissen Stempel des Styles aufgedrückt: wir brauchen nur an **Haydn**, **Mozart** und **Clementi** zu erinnern, bei denen man ungemein viel Verwandtes, ja förmliche Anklänge findet, ohne daß ihr Wesen in einander völlig aufging. Wer nun die Unterschiede zwischen **Mendelssohn** und **Gade** nicht herausfindet, beweist nur, daß er von Beiden nur wenig, und selbst dieses Wenige nicht genau kennt.

Um nur Eines anzuführen, so ist bei **Gade** nichts von jener inneren Unruhe zu finden, welche viel Stücke von Mendelssohn kennzeichnet. **Gade** ist durchaus **gehaltener**, — nicht so kalt und glatt wie **Bennett**, aber durchaus nordisch ernst, selbst im graziösen Scherze, oder in leidenschaftlicher Erregtheit.

Daher die vielen langgehaltenen Accorde, die häufigen liegenden Bässe, die ruhigen, wenig abstechenden Mittelstimmen.

Das Auffallendste bei erster Bekanntschaft ist der wenigstens scheinbare Mangel an Contrasten. Wer von **Beethoven** her, und denen, die sich an ihn nach dieser Richtung hin anlehnen, **Höhen** und **Tiefen** gewöhnt ist, dieses „Himmelhoch jauchzend, zum Tode betrübt," — dem wird **Gade** vorerst flach und monoton erscheinen. Die Gegensätze fehlen jedoch im Allgemeinen bei **Gade** durchaus nicht, nur sind sie feiner, weniger derb, wie dies überhaupt der nordischen Natur gegenüber der südlichen eigen ist. Wer mit feinem Ohr **Gade**'sche Musik hört, dem ergeht es wie dem Landschaftsmaler, der auch in der flachen Gegend der Naturschönheiten viele entdeckt, wo der gewöhnliche Mensch kalt und gelangweilt vorübergeht.

Der sinnige Hörer erfreut sich an den schönen Wellenlinien, dem eigenthümlichen poetischen Zauber dieser Musik, und fühlt sich, wenn auch nicht hingerissen oder „gepackt," so doch innig angesprochen. Sie **interessirt** durch höchst gewählte, immer noble Harmonik, durch die ungewohnte Weise der Melodik und durch die kräftige gedrungene Rhythmik.

Ganz besonders ist es, wie schon gesagt, das nordische Element, sind es die scandinavischen **Volkslieder** und **Tänze**, deren springende Intervallschritte und eigenthümlicher Periodenbau die Auf=

merksamkeit an sich ziehen, und durch die Cultur einer reichen Harmonik und (in den Orchesterwerken) einer glänzenden oder zarten und duftigen Instrumentirung gehoben erscheinen.

Schumann berichtet über die große Aehnlichkeit der Physiognomie Gade's mit der Mozart's, meinte aber, musikalisch genommen wäre gar keine solche vorhanden. Diese Ansicht war bei Schumann, der damals nur die Ossian-Ouvertüre und die C-moll-Symphonie kannte und vor Augen hatte, ganz natürlich. Wir Späteren können jedoch nicht umhin, eine Aehnlichkeit oder Verwandtschaft des Gade'schen Geistes mit dem Mozart'schen zu bemerken, — natürlich nicht im speciell Musikalischen, aber in der Richtung und ganzen Haltung beider. Liebenswürdigkeit, Grazie, mitunter ein gewisses weich-Elegisches ist Beiden eigen, und man kann Gade als einen letzten, natürlich sehr mit anderen Elementen vermischten Ausläufer der Mozart'schen Schule bezeichnen, wie man Schumann als einen solchen der Beethoven'schen bezeichnet hat.

Das Wichtigste, was Gade geschrieben hat, sind jedenfalls seine sechs Symphonien, welche wir der Reihe nach etwas eingehend besprechen wollen.

Man darf im Allgemeinen wohl sagen, daß, wie bei den meisten neueren Symphonien, auch bei diesen, der Schwerpunkt auf die beiden mittleren Sätze fällt, welche meist das Vollendetste enthalten, während in den ersten und letzten Sätzen echte Kraft, Verwickelung, wenn wir so sagen wollen: dramatische Höhepunkte oft vermißt werden. Letzterer Mangel spricht sich besonders im zweiten Theil seiner Allegrosätze aus, wo man gewohnt ist, die Gegensätze am schroffsten gegenüber gestellt, den Kampf derselben am heftigsten aufbrausen zu sehen. Förmliche Durchführungssätze vor dem Eintritt des Hauptthema's fehlen entweder gänzlich (erste Symphonie, wo statt der Durchführung die langsamere Einleitung wiederkehrt), oder sie erscheinen nur angedeutet, sind nicht als wichtiger Theil großartig angelegt und mit Aufwand aller Kraft der Kunst und Phantasie bis zum Culminationspunkte aufgebaut. Es ist schwer zu sagen, ob ein Mangel an contrapunktischen Studien, oder die Totalität der Gade'schen Natur Ursache davon ist; aber als einen Mangel wird man es immer ansehen müssen, so lange man bei größeren einheitlich zu formenden Werken eine zur Spitze strebende Anlage als wichtige Bedingung anerkennt.

Brendel bemerkt einmal ganz richtig, daß man bei neuen Werken immer auf Einiges, was man von früheren Meistern gewohnt ist, verzichten müsse. Die Frage ist nur, ob das dafür gebotene Neue an sich wichtig und bedeutend genug ist, um es als Ersatz betrachten zu können. Hier entscheidet einestheils bei dem Hörer die vorhandene oder dankbare Geneigtheit, das Neue auf- und anzunehmen, anderentheils der wirkliche musikalische Gehalt. Gegenüber Gade finden wir uns nicht immer in der Lage, den besprochenen Abgang zu verschmerzen. Oft aber entschädigt er wirklich durch den Reiz der Neuheit, oder ganz besonders schöne Detailarbeit. Oefteres Hören, größte Aufmerksamkeit, genauere Bekanntschaft werden daher hier doppelt nöthig.

Die erste Symphonie in C-moll, welche wegen ihres stolzen originellen Zuschnittes von einem geistreichen Schriftsteller die „nordisch reckenhafte" genannt wurde, beginnt mit einer sehr eigenthümlich gefärbten Einleitung, deren Motiv den Kern des ersten Satzes bildet. Es beherrscht ausschließlich das ganze Allegro, und erscheint in verschiedenen rhythmischen Umbildungen, wodurch es bald elegisch, bald stolz, bald volkstanzartig klingt. Die Instrumentirung ist rauschend, durch viel Blech und Piccolo fast überladen, und bringt Wirkungen, die freilich vor fünfzehn Jahren überraschender gewirkt haben als heute, wo das Alles vielfach ausgebeutet worden ist. Das Scherzo ist frisch und im guten Sinn pikant. Der reizendste Satz ist das Andantino; es spricht zum Gemüth und kommt direkt aus demselben; Steigerungen und geistreich-wirksame Zurücklenkungen zum Thema machen es zu einem höchst interessanten Stück. Im Finale kommt, ähnlich der Ossian-Ouvertüre, eine scandinavische Melodie vor, die an sich merkwürdig klingt, aber in einem Symphoniesatz zu lyrisch wird, und durch Monotonie der rhythmischen Schläge des vollen Orchesters ermüdend wirkt.

Die zweite Symphonie in E-dur schlägt einen anderen Ton an. Der stolze Gesang der Barden schweigt, und fröhliche Volkstänze scheinen zu beginnen. Das anmuthige rhythmische Leben, die typischen ungewohnten Melodieschritte darin sind interessant genug. Doch findet sich der, welcher mit dem Wort Symphonie einen hohen Begriff zu verbinden pflegt, etwas kleinlich berührt. Man wünscht tiefere Gedanken, stärkere Farben, mehr innerlich bewegtes Leben.

In der dritten Symphonie in A-moll scheint Gade die bisherige Bahn verlassen, und einen mehr deutschen Styl annehmen zu wollen. Es zeigen sich hie und da Mendelssohn'sche Züge, aber immer ohne dessen lebendigere Polyphonie, ohne dessen tieferen bedeutenderen Hintergrund. Ein sehr netter Satz darin ist das Scherzo, wo eine mazurartige Melodie ganz reizend eingeflochten ist.

Die vierte Symphonie ist nieblich in den Motiven, consequent und schön durchgeführt. Sie wirkt durchaus heiter und erfreulich. Das Spezifisch-Dänische ist fast verschwunden. Im Finale findet man auffallende Spohr'sche Züge.

In der fünften Symphonie in D-moll mit obligatem Pianoforte ist die thematische Erfindung vielleicht am schwächsten, doch dürfte die Idee, das Clavier als Orchesterinstrument einzuführen, als Besonderheit Interesse erwecken, und daß Gade auch hier eigenthümliche feine Details in der Behandlung und Wechselwirkung der Instrumente gebracht hat, ist selbstverständlich.

Dagegen erscheint uns die sechste Symphonie in G-moll als die glücklichste von allen, als ein entschiedener Fortschritt, den Gade auf diesem Felde gemacht hat. Die Motive sind durchaus lebendig und frisch, ja manche (im Gade'schen Sinne) aufgeregt zu nennen. Rasche flüssige Tonfiguren wechseln im ersten Satze mit kernig-kräftigen Rhythmen, und nur der Mangel an einer ruhigen Melodie, bei öfterer Wiederkehr des Hauptthemas, macht sich zum Nachtheil dieses Satzes geltend. Die drei anderen Sätze sind geradezu reizend, besonders der letzte; man kann nichts Anmuthigeres hören: Melodie, — die heute so schmerzlich vermißte; — Neuheit, einheitliche künstlerische Form, harmonisch-modulatorischer Reichthum, — Alles ist da, was erfreuen, innig erquicken kann; — mehr soll man, darf man bei Gade, wie gesagt, nicht suchen. Ist aber dies, in unserer armen Zeit, nicht genug, um sich recht herzlich freuen zu können?! Mögen Manche immerhin an leerem, hohlem Pathos, an wüster Liederlichkeit Vergnügen oder Genuß finden; wir halten es, wenn wir schon keine Riesen anzubeten finden, lieber mit der edlen, feinen Grazie.

Was hier über die sechs Symphonien gesagt worden ist, kann man auch auf die übrigen Compositionen Gade's anwenden.

Es schließen sich an die genannten Werke drei Ouvertüren an, von denen die zu „Ossian" wegen ihrer Eigenthümlichkeit, die „Im Hochlande" wegen ihrer Lieblichkeit besonders hervorragen.

Von den größeren Werken für Gesang wird von poetisch fühlenden Musikern, die das Werk in voller Ausführung gehört haben,

„Comala" sehr hoch gestellt. Die Gesänge für gemischten und Männerchor haben alle jenes wohlthuende Klangelement, welches nur genaue Kenntniß der menschlichen Stimme und schöner Gesangsmethode dem Componisten verleiht. Namentlich ist uns opus 24 lieb geworden, unbeschadet des Werthes vieler anderen Hefte, die wir nicht kennen, weil sie im hiesigen Musikalienhandel nicht aufzutreiben sind.

Von der Claviermusik, welche im guten Sinn dankbar, ungemein graziös und melodiös ist, möchten wir in erster Linie die E-moll-Sonate, die Albumblätter, Idyllen und Aquarellen nennen. Die Sonaten mit Violine, sowie die Noveletten für Trio sind als Kammermusikstücke gar zu kleinlich in der Erfindung und berühren gar zu obenhin. Rhythmisch und harmonisch interessant sind die vierhändigen „Clavierstücke in Marschform" und die „nordischen Tonbilder."

Zum Beschluß nur noch die Bemerkung, daß die sechste, erst kürzlich erschienene Symphonie uns als eine hoffnungsreiche Aussicht gelten soll, unser dänischer Componist werde auf dem Punkt, wo er eben steht, nicht stehen bleiben, sondern mit Lust und Kraft sich an größere Aufgaben machen. Könnte er sich von der bramatischen Richtung der neueren Instrumentalmusik soweit anregen lassen, als dieselbe eine wirkliche Berechtigung in sich trägt, und als seine Natur es zuläßt, er würde uns sicherlich noch tiefer ergreifende symphonistische Werke liefern, und auch diejenigen für sich gewinnen, welche bei solchen einen strengeren Maßstab anlegen. Die musikalische Welt aber sollte froh und dankbar annehmen und genießen, was ein schönes reines Talent ihr bis jetzt geboten hat. Ein neues Kraftgenie, wie Beethoven war, muß freilich erst noch erwartet werden.

IV.

Polemisches.

> „Nun haben wir's an einem andern Zipfel,
> Was ehmals Grund war, ist nun Gipfel.
> Sie gründen auch hierauf die rechten Lehren,
> Das Unterste in's Oberste zu lehren."

Zur gegenwärtigen Parteistellung auf musikalischem Gebiet.
(Mai 1858.)

Es herrscht seit geraumer Zeit eine Anarchie in den Ansichten und Aeußerungen über Musik, wie sie noch selten vorkam, und es gehört nicht wenig Ueberblick und Sachkenntniß dazu, um nur nicht gar den Kopf zu verlieren von all' dem Durcheinander des Wahren und Falschen, womit man sich angreift, in's Gesicht schlägt, zu vernichten sucht.

Das gewöhnliche Vorkommniß dabei ist, daß jede Partei ihre Leute in den Himmel erhebt, jeden Andern aber, der so frech ist, einer abweichenden Ansicht in Kunstsachen zu huldigen, in den Staub tritt. Nichts ist aber natürlicher als dies. Denn man hat von der einen Seite systematisch alle bisher giltigen Kunstgesetze verneint (obwohl man gelegentlich auch diese Verneinung selbst wieder verneint), und dafür auf neue Werke hingewiesen, aus welchen erst neue Gesetze zu abstrahiren seien. Der Erfolg dieser Werke hängt von der Zustimmung des musikalischen Publikums ab; — sie erheischen daher selbst eine Beurtheilung, oder rufen sie doch hervor. Wonach soll man sie beurtheilen? Etwa nach Gesetzen, die Jeder sich selber gibt? Das möchte für Jeden insbesondere recht sein, aber mit der Gerechtigkeit, welche messen und vergleichen muß, würde es schlimm stehen; und irgend ein Zusammenhang mit dem Vorausgegangenen muß doch bestehen, denn einen Sprung gibt es weder in der Natur noch in der Kunst. Oder nach persönlicher Sympathie und Antipathie? Ja! Nach Sympathie und Antipathie kann man heute allein urtheilen, sobald man eine Berufung auf irgend einen giltigen Satz nicht mehr zuläßt. Und das ist die Anarchie vom reinsten Wasser. In dem Urbrei der Elemente, in welchen dadurch die musikalische Welt zersetzt ist, gilt naturgemäß nur das „Ich,“ und eine Verständigung wird weder gesucht noch gewährt; die Elemente gähren einzeln und zusammenhangslos unter einander, befehden sich, und es triumphirt nur der Stärkere, der lauter brüllen und stärker treten kann.

Merkwürdig ist dabei, daß gerade Jene, welche sich bemühen, so ungebunden und regellos zu componiren als nur möglich, dennoch erwarten, daß alle Welt ihre allerdings höchst „eigenthümlichen“ Producte schön finden werde. Sie sprechen es offen aus, daß sie keine Richter anerkennen als sich selbst, daß sie sich nach Niemandes Geschmack richten mögen, und speien doch Feuer und Flamme, wenn ihre Werke nicht allgemein ansprechen, oder nicht allseitig gelobt werden.

Ein Künstler soll Charakter besitzen, dem zufolge er es verschmäht, dem großen Haufen zu fröhnen (dem Haufen, worunter wir auch die rechnen, welche den Kitzel ihrer Sinne mit Gold bezahlen). Soll ein Charakter aber wirklich als echt erkannt werden, so muß er auch consequent sein; er muß nicht angeblich es „Wenigen recht machen“ und hernach doch „Vielen gefallen“ wollen; er muß sich zunächst begnügen, wenn ihm Jenes gelungen ist, und nicht erwarten, daß ihm sofort die Sympathien von allen Seiten zufliegen; er muß sich nicht edler Mittel zu unedlem Zwecke bedienen, und deshalb nicht einmal Gutes thun, wenn es auf eine Weise geschehen muß, welche auch nur den leisesten Schatten auf eine vollständige Uneigennützigkeit dabei wirft! —

Und muß denn Alles Allen gefallen? Hat nicht Jeder das Recht sich unter den vorhandenen und neu hinzukommenden Kunstwerken jene auszuwählen, die ihm am meisten zusagen; auch dabei seinen Standpunkt öffentlich zu vertreten? Haben nicht Stämme und Nationen ihre eigenthümlichen, durch Religion und Sitten bedingten Geschmacksrichtungen, welche bei dem Entstehen wie bei der Beurtheilung von Kunstwerken maßgebend sind?

Da gab es im verflossenen Winter in der „Augsburger Allgemeinen Zeitung" Artikel „Musikalische Leiden" betitelt. Dieselben sprachen keineswegs Ansichten aus, die wir geradezu unterschreiben möchten, waren auch keineswegs sehr friedfertiger und höflicher Natur. Allein sie sprachen eine Meinung aus, die bei dem Standpunkte unserer Kunst vollkommen berechtigt ist. Denn wann hat ein Nichtmusiker mehr Recht dazu, seine Empfindung über Tonwerke auszusprechen, als dann, wenn (wie es gerade die neue Richtung anstrebt) dieser Kunst die selbstständige Schönheit abgestreift, und ihr die Sclavenfessel anderer Künste angelegt wird; — wenn sie in der Allkunst, und ihre speciell tonliche Wirkung in allgemeinerer Wirkung aufgehen soll, zu deren Beurtheilung man eben kein Musiker zu sein braucht?!

Auf jene Angriffe hin wurde ein Ritter der anderen Partei, Herr von Bronsart, beordert*), den Fehdehandschuh aufzunehmen, und die „Allgemeine Zeitung" Mores zu lernen. Wir finden dies ganz begreiflich, sogar theilweise ergötzlich. Aber in Einem möge man sich nicht täuschen. Was Herr von Wolzogen in der „Allgemeinen Zeitung" aussprach, ist keineswegs, wie Herr von Bronsart auf verkehrte Weise supponirt, eine aus „Böswilligkeit, Unredlichkeit und Verleumdung" hervorgegangene persönliche Schmähung (denn was konnte Herrn von Wolzogen, der nicht zum Musikerstande gehört, dazu bewegen?), — es war die derb ausgesprochene, stark gewürzte Meinung vieler guter Musiker und vieler sehr gebildeter und wohlmeinender Kunstfreunde (wir wiederholen es: nicht ganz die unsere), welche nur das Unglück haben, keine Sympathie für die fragliche Musik zu verspüren, sonst aber gerade nicht auf den Kopf gefallen sind. Man könnte, um das Factum der großen Meinungsdifferenz zu erklären, ganz absehen von dem Unterschiede zwischen Süddeutschland, wo eine gewisse Neigung zu weicher Sentimentalität mit Bedächtigkeit im Vorwärtsschreiten gepaart ist, — und Norddeutschland, wo große geistige Regsamkeit leicht ins Phan-

---

*) Dieser Ausdruck wurde von Herrn Brendel in der „Neuen Zeitschrift" beanstandet. Wir haben aber aus Herrn Lißt's eigenem Munde gehört, daß derselbe Herrn Bronsart „aufgemuntert" hatte, gegen die „Allgemeine" zu Feld zu ziehen.

taktische und Abstracte überführt; denn dieser Unterschied kann auf die Dauer kein Hinderniß sein, daß wirklich Bedeutendes auch dort zur Anerkennung gelange, wo es naturgemäß schwerer Eingang findet (wie ja auch die Norddeutschen Mendelssohn und Schumann in Süddeutschland, und so manche süddeutsche Componisten der „Wiener Schule" im Norden vollständige Anerkennung fanden, oder sie zu erringen eben im Begriffe sind). Aber der Gegensatz der speciell künstlerischen Richtungen selbst wird immer ein berechtigter sein und bleiben. Diese Richtungen finden ihre Vertreter und Gegner an der Spree so gut wie an der Donau, Isar oder Elster. Und wahrlich eines gar so großen Anhanges darf sich die Partei der neuen Richtung noch nirgend rühmen, und was man in Zeitungen über den großen Kreis der für die Lißt'sche Tonmuse Wirkenden liest, schrumpft in hohle Prahlerei zusammen, wenn man bedenkt, wie viele tüchtige und bewährte deutsche Musiker, Componisten und Aesthetiker nicht in dem Verzeichnisse der Zeitschrift „Jahreszeiten" stehen*), und wie selbst Manche der darin Stehenden durchaus nicht so ernstlich zur Fahne dieser Partei schwören, wie man es glauben machen will. Alles dies ist schon gesagt worden, aber die es sagten, wurden so lange mit Schmähungen verfolgt, lächerlich gemacht und mit Grobheiten überschüttet, bis sie sich von so unerfreulicher Oeffentlichkeit lossagten. Glaubt man aber, was auf diese Weise zum Schweigen gebracht wurde, werde auch für immer verstummt sein? Es könnte eine Zeit kommen, wo die Steine sprächen! Für den Augenblick aber würde höchstens ein Zustand herbeigeführt sein, der nicht schädlicher und schmählicher sein könnte: der Zustand heuchlerischer Unwahrheit und Unredlichkeit, wo nichts als Komödie gespielt wird, und Keiner dem Andern trauen darf.

Um nun auf einige der stärksten gangbar gewordenen Irrthümer und Irrlehren einzugehen, müssen wir vor Allem es für ganz und gar falsch erklären, wenn von der einen, wie von der anderen Seite der „letzte Beethoven," d. h. seine letzteren Werke, als Grund und Ausgangspunkt der neuen Richtung der Instrumentalmusik angegeben werden. Es handelt sich ja vor der Hand weniger um die Richtung, als um den Beweis für das Kriterium der neuesten Com-

---

*) Die „Jahreszeiten" brachten vor einigen Monaten eine Art Verzeichniß der Musiker und Schriftsteller, welche in den verschiedenen deutschen Städten als Anhänger der neuen „Weimarer Schule" gelten.

ponisten. Das Kriterium des genialen zum Meister berufenen Componisten ist der Gedanke, worunter das zu verstehen ist, was un = erlernbar, was unmittelbar ohne Suchen und Reflexion der poetischen Phantasie des Tonsetzers entspringt. Beethoven hatte dieses göttliche Eine, und es offenbart sich bis hinauf in seine letzten Quartette, in seine neunte Symphonie, in seine Missa solemnis*) u. s. w. Es war der Geist, der sich Beethoven'sch ausprägte, zuletzt mitunter etwas wunderliche Gestalt annahm, aber doch immer derselbe blieb. Beethoven's Phantasie war reich und durch vielfache Ausbildung geschmeidig genug, um des Meisters Willen nach jeder Richtung hin zu erfüllen, wie die Geister des Zauberers, die dem Lehrling nicht folgen wollten. Das lockte nun freilich nicht wenig, und man glaubte es zum mindesten nachmachen, wenn nicht gar übertreffen zu können. Meine lieben Herren Zukunftsmusiker! Hättet Ihr nur Etwas von der Bescheidenheit und Pietät, die Ihr für Beethoven heuchelt, Ihr würdet wahrlich nicht wähnen, dem großen Meister auf einer Spur zu folgen, die er allein zu wandeln vermochte. Oder könnt ihr uns irgend einen Gedanken in euren Werken aufweisen, den man nach Recht und Billigkeit einem Beethoven'schen gleich setzen dürfte? Versuchen werdet Ihr's wohl, ja Ihr werdet vielleicht eine der „Liebesmelodien" aus den „Préludes" von Liszt bringen und behaupten, das wäre ein solcher. Aber daß Euch Jeder auslacht, der noch gesunde Sinne hat, das ist gewiß. — Kommen wir nun zu Berlioz, welcher das famose Wort erfunden hat „man müsse dort anfangen, wo Beethoven aufgehört hat," so dürfen wir ebenfalls behaupten, daß er dort angefangen, wo Beethoven nicht aufgehört hat. Man kann unter mehreren zwei Fälle annehmen, aus denen sich eine Verwandtschaft oder ein Zusammenhang ergibt: Entweder es schafft Jemand nach eigenen Prinzipien mit den Mitteln Anderer; oder er schafft mit neuen originellen Mitteln im Geiste eines Anderen oder Anderer. Wenn von Berlioz die Rede ist, scheint uns viel eher die erstere Annahme als die zweite anwendbar; denn wer wird be-

---

*) Herr von Wolzogen hat gewiß diese Werke noch nicht in guter, künstlerisch begeisterter Aufführung gehört; er könnte sonst unmöglich über sie den Stab brechen, und den neuesten Compositionen die Ehre erweisen, dieselben neben ihnen zu nennen, und aus ihnen zu erklären.

haupten wollen, daß das Scherzo „Fee Mab," oder die ganze Symphonie „Romeo und Julie," oder die meisten seiner anderen Werke in Beethoven'schem Geiste componirt seien?! Wohl aber ließe sich eine Benützung von Mitteln nachweisen, welche Beethoven's Erfindung sind. Mit der „Fortsetzung" Beethoven's hat es daher eine eigene Bewandtniß. Wir finden den Zusammenhang rein äußerlich; und man spreche nur nicht von den „befreienden Thaten" Beethoven's, wo es sich um Aeußerlichkeiten handelt, und nicht von „Irrgängen" dieses Meisters, um die künstlerischen Thaten eines Berlioz und Lißt in ihrer vermeintlichen oder wirklichen Hohlheit dadurch zu erklären.

Ein anderer nicht weniger widerwärtiger Irrthum ist der, daß man, wie in der Erziehung, so auch in der Schule der Composition jedes Gesetz, jede noch so vernünftige Regel, alle Zucht und Ordnung schon von Anfang an verwirft, und dem vollständigsten Eigenwillen einen Thron bereitet, der nichts als Altklugheit und Selbstverherrlichung, also Eitelkeit und in ihrem Gefolge die ganze Reihe negativer Tugenden hervorzurufen vermag. Auch hier beruft man sich seltsamerweise auf die Meister, und führt an, daß sie sich auch an keine Regel gehalten hätten. So schlägt neulich Bülow in allem Ernst vor, das Octavenverbot ganz und gar aus der Tonsetzlehre auszumerzen. Als aber Riehl seine „Hausmusik" herausgab, da wurde ihm von derselben Partei, und mit Recht, keine einzige Octave geschenkt. Soll man dann nicht die Partei der Inconsequenz anklagen und sagen, daß sie Alles erlaubt, — wenn sie aber einen auf solchen erlaubten Dingen erwischt, der nicht ihr Freund und Helfershelfer ist, ihn kläglich zurichtet?!

Fragt man nun ernstlich: Was haben die Meister selbst von den Regeln gehalten? so lautet die Antwort: Für sich selbst auf ihrer Höhe wohl wenig, aber viel für Solche, mit denen sie das Genie nicht theilen zu können glaubten oder die sie noch nicht für ausgelernt hielten. Beethoven war Freigeist, und doch zugleich lernbegierig und im Studium ernst genug, um von dem Augenblick an nicht mehr zu Haydn in die Stunde zu gehen, als ihm Jemand sagte, dieser lasse ihm in den Aufgaben Fehler stehen. Und nicht Beethoven allein war auf seiner Höhe Freigeist. Schon Haydn hat Dinge geschrieben, über deren Freiheit zu seiner Zeit man staunen muß, von S. Bach, dem allerkühnsten Contrapunktiker gar nicht zu reden;

Mozart hat besonders im Punkte der Querstände das Möglichste geleistet. Haben die Meister jedoch die Regeln als gemeingiltige Normen verachtet, haben sie nicht vielmehr in der überwiegenden Masse ihrer Musik das Wesen des Gesetzes erfüllt?

Unsere Herren Regelverächter mögen daher nicht vergessen, wie viel eminente Werke geschaffen worden sind, trotz allem immer bestandenen Regelwerk, — bevor die Redensart vom „überwundenen Standpunkt" aufkam, — und bevor sie das große Wort geführt haben. Wenn nun die „Neue Zeitschrift" in einer Entgegnung auf die Angriffe der A. Z. sagt, „es gäbe kein Gesetz, nach dem der Componist sich zu richten hätte," und dabei den Vergleich mit einer Kuppel zieht, welche nur deswegen falsch gebaut wäre, weil sie einstürzen müßte, so finden wir dies ganz falsch. Eine Kuppel kann so gebaut sein, daß sie nicht einstürzt, und dennoch unschön sein; und ebenfalls kann sie schön sein, und dennoch einstürzen, weil Solidität des Baues und Schönheit nur in gewissen, aber nicht in allen Punkten übereinstimmende Forderungen erheben. Ein Gesetz besteht aber in der Musik, was Bau der Perioden, Zusammenhang der Harmonien und Ebenmäßigkeit oder Symmetrie der Rhythmik betrifft — obwohl die Beobachtung dieser Gesetze allein noch nicht die Schönheit des Tongebildes zur Folge hat. Wir wollten doch sehen, was die „Leipzigerin" sagen würde, wenn einem Unbekannten etwa folgende Harmonisirung des „Gott erhalte" belieben würde:

u. s. w.

Mit der „bescheidenen Unterordnung unter des Weltalls ewige Gesetze" hat es daher unbedingt seine Richtigkeit, wenn man nur verstehen will, was damit gemeint ist. Die Hauptschwierigkeit liegt hier in der Anwendung der Enharmonik. Wenn gute Componisten bis zu Schumann herauf sich ihrer bedienten, so geschah dies an einzelnen Stellen, um durch Unbestimmtheit zu reizen und durch Ueberraschung zu erfreuen. Liszt aber macht oft das Gewürz zum Brot, und statt dem Schalk hat man eine Fratze vor sich. Und in

fern hat die „Allgemeine" Recht, wenn sie sagt, Liszt basire seine
Musik auf die Unnatur, — was wir freilich nur auf jene Theile
seiner Werke eingeschränkt wissen wollen, wo wirklich die Enharmonik
zur vollen Herrschaft gelangt erscheint, wogegen Liszt selbst in Ande=
ren, die auch für Niemanden etwas Anstößiges haben, die „Unterord=
nung unter des Weltalls ewige Gesetze" — wenigstens in harmoni=
scher Hinsicht — bethätigt.

Ja viel, viel wird gesündigt von der Partei der Progressisten
à tout prix, und nur die ihnen eigenthümliche enorme Thätigkeit, ver=
mittelst welcher es ihnen immer gelingt, in günstigen Zeitmomenten
Aufsehen zu erregen, macht es, daß der helle Schein der Wahrheit
verdunkelt wird. Das Einreißen geht bekanntlich schneller als das Auf=
bauen, und wenn die conservative Kritik jeden falschen Satz, den die
Gegner aufstellen, widerlegen wollte, so müßten Tausende von Bänden
geschrieben werden, die aber — Niemand lesen würde, weil das Ne=
gative die Menschen besser amüsirt als das Positive.

Viel wird aber auch, wir müssen es sagen, um gerecht zu
sein, von den musikalischen Reactionären gesündigt. Solche sind
für uns Alle, welche das Gebiet der Musik für erschöpft halten,
von einem Fortschreiten nichts wissen wollen, alles Neue miß=
trauisch betrachten, und irgend einen Meister der Vergangenheit als
Schlußstein der aufsteigenden Entwicklungsgeschichte annehmen. Arme
Menschengeschlechter künftiger Jahrhunderte und Jahrtausende! Für
euch ist nichts mehr zu thun! Mögen eure Zeiten und Lebens=
anschauungen noch so sehr von den unserigen abweichen, mögt ihr
noch so große Sehnsucht nach einer Kunst tragen, die euch gemäß
ist, die eurem Zeitgeist entspricht, ihr dürft nicht anders, ihr
müßt fort und fort Bach und Beethoven, Händel und
Haydn, Mozart und Mendelssohn für euer Höchstes halten.
Nicht blos eure Musiker müssen sie studiren und schätzen, ihr selbst
müßt in alle Ewigkeit ihre Werke hören, wie wir zu Ostern und
Weihnachten „Schöpfung und Jahreszeiten" hören. Denn: „alles
Neuere ist doch eigentlich nur Epigonenthum," — — und: „Wozu
wird denn eigentlich heutzutage noch componirt?!" — O ihr Kurz=
sichtigen! Entweder sind alle Componisten, die ihre Vorfahren nach=
geahmt, und von ihnen etwas gelernt haben, Epigonen, und dann
sind Bach und Beethoven wahre Prachtexemplare solcher Art,
— oder es gibt gar keine, denn wer ist der größte und letzte

wirkliche Meister, nach welchem gar nichts Neues mehr nachkommen konnte? Beethoven oder Mozart, oder Händel? Einer muß es ja doch sein, denn Einer fußt auf dem Andern!

Es wird fort und fort Neues und zum Theil zugleich Schönes und Bedeutendes componirt werden, weil die Welt fortwährend Neues wünscht und braucht, — weil immer neue Menschen kommen mit neuen, wenigstens in gewissen Zügen abweichenden Organisationen, welche auch Neues und Bedeutendes zu produciren den unwiderstehlichen Drang und die Kraft haben werden. Freilich ein absolut neues Geschlecht, mit ganz und gar anderer Organisation, für welches die Zukunftsmusiker zu schreiben scheinen, wird nicht kommen, — es müßte denn unsere Erde eine gewaltige Naturumwälzung erleben. So lange aber dieses Menschengeschlecht sich fortsetzt, so lange wird auch jede einzelne Kunst sich mit ihm fortsetzen, und stufenweise immer reichere, feinere, zuweilen auch großartigere Werke in's Leben treten lassen. Wir wiederholen es: Wenn man einmal anfängt zurückzugehen, und zu sagen: „bis hieher ist Fortschritt, von hier an ist Rückschritt in der Kunst," so ist damit dem Princip des Fortschrittes überhaupt widersprochen, und man kann den Punkt setzen, wohin man will, und von überall an Fortschritt und Rückschritt decretiren, wie wir es bei Thibaut, Ulibischeff, v. Wolzogen u. A. gesehen haben.

Eine dritte Partei ist die der Liberalen; sie freuen sich des Neuen, und befördern es so gut sie können, wenn es schön oder gut ist, und in edlen Principien seine Wurzel hat, b. h. wenn es einer dem allgemeinen Menschenziele entsprechenden geistigen Richtung angehört. Von dem Alten lieben sie auch nur das Gute, weil es die Basis des Neuen ist. Das Gemeine verachten sie im Alten wie im Neuen. Weil sie aber wissen, daß zum Guten gar viel gehört, und daß nicht alles Gold ist, was glänzt, so prüfen sie etwas länger, als den Progressisten lieb ist, bevor sie etwas als ein „Bestes" behalten wissen wollen. Weil sie wissen, daß man aus der Geschichte viel lernen und nichts vergessen soll, so wenden sie sich gern dem Studium des Alten zu, und müssen sich darum von den Progressisten und Radicalen „Zöpfe" schelten lassen. Sie wissen, daß zwar, absolut genommen, „Nichts Neues unter der Sonne ist; daß aber das Bleibende einem fortwährenden Wechsel, einem permanenten chemischen Umwandlungsprocesse unterliegt, und daß das „Neue" eben nur die

Frucht der Umarmung des immer reicher sich entwickelnden Menschengeistes mit der Materie der Kunst sein kann. — Die Liberalen sorgen durch gemäßigtes Verhalten, daß das wirklich gute Neue nicht durch die Reactionäre verhindert werde, sich Bahn zu brechen, da letztere der gesuchten öffentlichen Aufführung neuer Werke immer Hindernisse in den Weg legen. Sie sorgen aber auch dafür, daß das vorhandene und anerkannte Gute nicht vergessen werde (wozu die Progressisten zuweilen sehr geneigt sind), und daß das Schlechte, was sich Bahn brechen will, nicht tabula rasa finde. Ihr Wirken ist daher oft unscheinbar, aber entscheidend, durch guten Willen einer-, und Zähigkeit andererseits. Beide andere Parteien suchen sie zu unterdrücken, aber ohne endlichen Erfolg, und gelänge es auch sie zeitweilig in den Grund zu bohren, so tauchen sie doch wieder auf und erquicken sich im Sonnenstrahl der Wahrheit, während manche Blase gesprungen ist, manche Welle sich geglättet hat, und mancher Stein, der sie hervorbrachte, im Grunde liegt „versunken und vergessen."